知って安心！

中学・高校

部活顧問のハラスメント対策

ai未来株式会社
スクールハラスメントコンサル
田澤 良行

産業能率大学出版部

はじめに

どうしてスポーツの世界でパワハラやセクハラは繰り返されるのでしょうか？あなたは不思議に思いませんか。それも立て続けに報道されています。オリンピックに出場しているスター選手を育成してきたスポーツの中央競技団体における暴力事件。スポーツ名門大学や強豪高校での指導者の体罰や暴言。それらによる選手の怪我や、精神的苦痛による退部や不登校など。最悪のケースでは自殺をした事件まで起こっています。

もちろん、一般的な学校の部活動でもハラスメントは起きています。生徒や教師、保護者、学校など、誰も幸せになっていません。そして見落としてはいけないのが、被害者の生徒が進学や就職をした際に、今度はパワハラやセクハラなどの加害者になる傾向が強いことです。ハラスメントは、早く、小さいうちに予防・再発防止をして、負の連鎖を止める必要があります。

あなたが知っている、テレビやインターネットなどで報道されている生徒への暴力、暴言などの事件は、氷山の一角に過ぎません。私が学校部活動で聞いたり見てきたパワハラやセクハラの事例では、教師がハラスメントを理解していなかった、教師本人はパワハラにならないと思っていた、教師同士が注意や指摘をできない環境だった、生徒や教師が相談できるところがない閉ざされた環境だった、などの状況が見られました。

こうした経験をもとに、なぜハラスメントは繰り返されるのか、原因と対策についてお伝えしたいと思います。

ハラスメントの要因となる部活動のブラックな伝統や風土、勝利優先の価値観、そして教師の残業問題は優先して解決しなければならないと考えています。現在部活の顧問をしている先生、教師を目指す学生の一定程度は部活動をしたいと希望しています。また、部活動で努力し、自立していく生徒の姿、ルールを守る姿勢、最後まで諦めず目標を成し遂げる姿。そういう生徒に触れて教師という職業のやりがい、生きがいを見つけるきっかけになった先生は少なくありません。

生徒が部活をする理由はいろいろあります。例えば部活を通して自己実現をしたいと思っている生徒は多いと思います。進学のため、プロ選手になりたい、教師になって指導者になりたい、また、生活の一部として楽しくやりたい、友達と一緒だから入部したなど様々です。

しかし、教師は勝つことを第一優先にしていることが多く、生徒と教師の優先順位が違っています。したがって、まずは部活の方針や先生の思いを生徒と共有すること。その上で、違いを認めることも重要です。しかし、不一致な点や隔たりが大きすぎると障害が生じたりします。例えば練習方法やメニューの組み立て、練習環境の改善などです。また、その指導者が勝つことだけにこだわって指導すると、どうしても感情的になり、理性を失い暴力を振るうことが多くなります。

生徒が練習や試合で失敗を繰り返すことが、教師の行動や発言をハラスメントに向かわせてしまうのです。

また、ハラスメント行為について教師本人は気づいていないかもしれません。私は前職でスポーツ業界にいて、部活動の実態を見てきました。そして、たくさんの企業の職場でパワハラやセクハラの実態も見てきました。その多くは未然に防げたと思っています。こうした問題は、教師個人だけの問題にするのではなく、組織で対策に取り組むことが重要です。そのための仕組みや考え方について、私なりに述べたいと思います。

教師が個人だけで行動の課題に気づき改善して習慣にするまでは時間がかかります。その間ハラスメントが繰り返されてしまうことが多いのですが、部活でのハラスメント対策には重要なポイントが3つあります。1つ目は本人がハラスメント知識を習得して言動を改善し、ハラスメントと思われるグレーな行動を防止すること。2つ目は組織が仕組みをつくって防止対策を実行し、定期的にチェックをして見直す。この仕組みを繰り返すこと。３つ目は校長、学長、組織のトップが「ハラスメントは許さない」と表明することです。この「ハラスメント防止の方程式」を実行することで、テレビなどの報道で知った事件のほとんどが防げたと確信します。

本書では、マスメディアで報道されなかったハラスメント事例、生徒が部活動で失敗した事例を紹介しています。教師はどういう対応をすればよかったのか、なぜもっと早く気づけなかったのか、どうして周りのみんなが止めなかったのか。私もそのような現場を見て止められなかった経験があり、本当に後悔しています。事態が小さいうちに止め、学校での生活環境を改善して、生徒たちが楽しく安心して過ごせる健全な環境にしたいと考えています。

本書は、これから教師になろうとしている学生の皆さん、新任や教師歴の浅い教師の方々を対象に書きました。また、定年まであと10年近くを残す50歳代の教師の皆さんは、この時期がとても大事です。ハラスメントについて学び直してほしいと思います。定年後の生活を見据えた教師生活の総仕上げにしてください。それというのも、弊社の「再発防止　部活顧問のハラスメントセミナー」の参加者には、懲戒処分を受けた50歳代の教師がとても多いからです。私は学校での部活顧問の環境を改善して、生徒と先生に明るく幸せな学校生活を送ってほしいと願っています。

目次

1

部活動を取り巻く様々な問題点とは

――部活顧問を取り巻く問題点を解明し、現状を把握する

ハラスメントが起きたらどうなるか

部活動で起きた様々なパワハラやセクハラ行為は、被害者の生徒はもちろん、部活顧問の先生や学校、保護者など誰一人として幸せにすることはありません。公表されずに時間がたっても被害者は忘れられるようなことはありません。そして原因の解明、再発防止策の実行などの説明責任があります。

まずは、生徒や先生、学校にはどのようなリスクが想定されるのか、お話ししたいと思います。

●被害者の生徒について

学校、競技、個人名は伏せますが、次のような事例が報道されています。

・部活動での不適切な指導が原因で、高校1年生の女子部員が自殺

・部員の顔をビンタして鼓膜が破れる

・指導者による長時間の暴言で、生徒が精神的にショックを受ける

想定される身体的・精神的障害としては、次のような事例が挙げられます。

・ケガ
・精神的障害
・自殺

学校に通うことができても、次のような不安定な学校生活になる可能性があります。

・部活動や学業に集中できなくなる
・レギュラーから外れる
・退部、退学
・加害者になる

生徒がパワハラやセクハラ行為を受けたらどうなるのでしょうか。先生からの

体罰や名誉を傷つける暴言がきっかけでいじめになり、生徒が部活で孤立してしまうことがあります。本当にひどい話です。プライベートや噂話を吹聴する。「お前は気に入らない」と言って練習に参加させないなどのパワハラ。そして、先生が優位的な立場を利用して生徒をコントロールするために行う様々なパワハラやセクハラ行為。報道されているだけでも、学校部活のハラスメント事件は後を絶ちません。被害を受けた生徒たちは、様々な身体的傷害や精神的な悩みに苦しんでいます。このような環境では部活動や学業に集中できなくなってしまいます。怪我をしてレギュラーから外れ、その結果、やむなく退部したスポーツ推薦で入学した生徒は、部活を辞めるのなら学校も辞めなければならないこともあります。

いくつかの事例を簡単にご紹介します。

〈事例1〉

「どうして私だけがいつも怒られるのだろうか」と不安ばかりの毎日で学校を休むようになった女子生徒。練習中にミスを繰り返したことで、部員の前で先生から平手打ちをされた後にプレーとは全く関係ない容姿について暴言を吐かれました。そして長時間の正座です。生徒はビンタをされて顔に傷がついてしまい、それが原因で精神的に落ち込み部活を休むようになりました。学校へは登校できなくなってしまったのです。

〈事例2〉

同級生と一緒に練習する大好きなバスケットボール部を退部してしまった生徒。スポーツ推薦で進学したものの先生が期待していたほどの活躍ができませんでした。身体能力が高く1年生からレギュラーは確実と思われていました。同学年の生徒は段々と身長が伸び能力の差がなくなったため、その生徒には何も指導してくれなくなりました。このような生徒の使い捨ては多いと聞きます。

〈事例3〉

目標は県大会で優勝して全国大会に出場することでした。最後に優勝したのは先生が顧問に就任して3年目の10年前です。生徒の能力以上の練習をする毎日で、怪我をしている生徒が多くいます。そして大会で負けてしまうとキャプテンが責任を取らされて交代させらる。今年は2回目の交代です。誰もやりたくありません。チームの雰囲気は悪くなる一方です。

〈事例4〉

男子生徒は中学校のときに身長が190センチあり、その体格を認められて越境してスポーツ強豪校に推薦で入学しました。1年生からレギュラーとして期待されていましたが、その競技の基礎的な動きができず、高校生のスピードについていく体力も不足していました。その上に、容姿を揶揄する先生の暴言や過大すぎる練習量が伸しかかり、生徒は精神的障害を引き起こしてやむなく転校してしまいました。

先にあげた事例のような状況は、閉ざれた学校部活動では非常に多くあります。外部に漏れることが少なく、大きな事件になってようやく報道されて明らかになるケースばかりです。生徒は我慢をしています。先生に意見が言いづらい部活環境です。このように不健全な状態では生徒は正常に生活を送ることはできません。

ここで見逃してはいけないのが、被害を受けた生徒は加害者になる傾向が強いことです。例えば上級生になって後輩が入部すると自分が受けた行為を下級生にしてしまう。進学して他の学校から来た生徒に同じことをしてしまう。就職した職場で異性の社員にハラスメントをしてしまう。本人はハラスメント行為だと自覚がないことがほとんどです。繰り返さないためにも、早く、小さいうちにハラスメントの負の連鎖を止めることが重要です。

●加害者の先生について

これも学校、競技、個人名は伏せますが、次のような事例が報道されています。

・監督は生徒に平手打ちとひどい暴言を吐いて顧問を解任された
・コーチは生徒に正座をさせて注意。他の部員には平手打ち。停職４カ月
・練習で生徒がミスをして顧問は激高し暴行。顧問は逮捕
・部活のグループＬＩＮＥに生徒のプライベートについて発信した。顧問は停職１カ月

想定されるリスクは大きく分けて2つです。

社会的責任

・行政処分
・裁判
・長期間にわたるメディアでの報道
・社会的制裁
・再発防止の実行

経済的負担

・懲戒処分（免職、停職、減給、戒告）

調査の結果、教師の行為がパワハラまたはセクハラと認定された場合は処分が決定します。行為の内容により免職、停職、減給、戒告に分けられ、それぞれに期間などが決められます。例えば減給10分の1、期間は3カ月などです。

そして加害者の教師は被害を受けた生徒に謝罪をしなければなりません。どうしてパワハラ、セクハラ行為をしたのか原因を解明して、その原因に沿って再発防止対策を立案して実行します。

例えば、教師が飲酒をしたあとに気持ちが大きくなって生徒に誹謗中傷のメールを何度も送信した。ならば、今後は飲酒後にメールはしない。さらに大会、合宿などの遠征中はお酒を飲まない。もっといえば、酒はやめる。このような再発防止対策を表明して実行しなければなりません。

放課後の体育館やグラウンドは、生徒の掛け声や先生が指導する声で練習中は熱気に溢れています。先生の感情が高まっていると、生徒へ伝えたいことがうまく伝わらないことがあります。生徒が先生の顔色を気にして理解しないまま「ハイ」と返事をしても、先生は理解したと思っています。このように一方通行のコミュニケーションになっていることが多いのです。

中にはこんな先生もいました。「ハイ」と言っている声の高さや目の動きで、この生徒は自分の言っていることを理解していないとわかるそうです。にもかかわらず、先生が指導しても生徒が同じミスを繰り返すのでイライラが段々と怒りに変わり、怒鳴りながら指導する。挙句の果てにはひどい暴言を吐いてしまう。このような暴言は何年も続いて、他の生徒にも同じ暴言を吐いていました。学校からは部活顧問を解任されました。

この部活の生徒はほとんどが越境入学していて、寮で他の部活の生徒と一緒に生活しています。コーチも一緒に寮で生活して生徒の生活指導もしなければなりません。コーチは生徒たちの日常生活を見ています。上下関係が厳しい寮では、下級生が上級生に話す言葉が悪いと注意されます。上級生に対しては敬語で話すように指導していましたが、ある生徒は何度注意しても直らず正座をさせられて長時間注意を受けていました。また、コーチが門限を破った生徒の顔を平手で叩き、メガネが壊れて怪我をするという事件が起きました。こうして、いくつかのパワハラ行為のため停職４カ月の処分を受けました。

いくつか事例を紹介しましたが、加害者の教師は減給、停職、免職の処分を受けると経済的な負担が大きくなります。長期間の停職処分になって依願退職をする教師もいます。給与・待遇などが希望どおりの学校へ転職することは簡単ではありません。世間体を考えて遠方の学校へ転職することもあります。転職先によっては引越ししなければならなくなるとか、単身赴任になることだってあります。

事件がテレビで報道されることがあります。ニュース番組以外で放送されることもあります。ネットニュースに掲載されると、記事が長期間残ってしまいます。このような想定されるリスクになる前に未然に防止したいものです。ハラスメントの知識を理解して対策を実行すれば防止できます。具体的に学校部活動でどのような行為がパワハラになるのか、生徒とのコミュニケーションで注意しなければいけないことはなんなのか、ハラスメントについての知識を身につけることで、パワハラ、セクハラにつながる行為を予防することができると考えます。学校は先生と生徒で構成されています。どうしても先生が優位的な立場になります。したがって、ハラスメント知識は必要なスキルなのです。

●管理する学校、組織について

想定されるリスク

・説明責任（謝罪、原因の解明、再発防止策の表明）
・裁判
・刑事責任
・懲戒処分
・管理責任、経営責任
・社会的制裁

学校長や教頭など、学校の上層部や関係者が記者会見で謝罪し事件の原因を説明しているところをテレビの報道で観たことがあると思います。学校や組織の初動対応が遅れて社会的信用を失うこともあります。

また、事件を起こした部活の関係者だけで解決しようとしたり、学校内で処理してしまおうとすることが往々にして起こります。本来は被害を受けた生徒を守り社会的責任を取るはずが、学校を守ろうという行動に走ってしまうのです。

部活の顧問を守ろうとして校長や教育委員会に報告せず、保護者からの通報で知ることもあります。悪いことは上層部へ報告しない傾向があるんですね。結果として教師の懲戒処分が重くなってしまいます。校長や教頭の社会的責任が問われます。負の連鎖で新入生の募集に影響が出ることもあります。

加害者の教師だけの問題ではなく、学校は社会的責任を負わなければなりません。被害者への謝罪、原因調査と再発防止策の実行です。守らなければならないのは被害者の生徒です。学校を守るための原因調査では解決できないと思います。

学校法人の学長が教師にパワハラ行為をしていた事例もあります。会議中に学校長の方針について改善を提案すると、その教師に罵倒・暴言を繰り返し、目をつけられた教師は昇格が不利になってしまいました。このパワハラ暴言が報道されて間もなく、この学長は辞任しました。

学校の問題点、課題に積極的に解決に取り組んでいる校長や学長はいます。むしろそういうトップのほうが多いと思います。私もお会いしてお話を聞いたことがあります。少子化問題に取り組み、すべての企業を対象に「パワハラ防止法」が法令化されるのと同時に学校のハラスメント対策を実行していました。教師へのアンケート調査で学校のハラスメント課題を顕在化し解決に取り組んでいます。コンプライアンス対策を見直し新しくルールを決め、教師のハラスメント研修を実施して知識を深めて行動の改善を進めています。

将来の、あるべき学校の姿に向けてトップが方針を表明し行動を共にする。このように変化を受け入れて対応できるトップが増えてほしいと願っています。

部活でパワハラが起こる要因

どうしてパワハラが起きるのか。その要因は3つあります。1つ目は生徒と先生の関係性において、先生が優越的な立場にあるということ。2つ目は日々の部活動で、生徒の現状の能力とかけ離れた練習を指示していること。3つ目は部活動における練習環境が害される指導をしていることです。

それでは、具体的にどういうことなのかお話ししたいと思います。

①先生は優越的な立場にある

部活運営で大切なことの1つは、競技特性や生徒の個性に合った指導をすることだと思います。学生時代に競技経験がない、全国大会に出場したことがない、レギュラーではなかったというように、スポーツの経験値が少ない、あるいはなくても部活顧問をしている先生はいます。現在はYouTubeやインターネットを検索すれば、日本だけではなく世界中からユニークな指導方法を習得することができます。また本や雑誌から有名な選手の解説による指導方法も習得できます。生徒の個性に合った指導方法を見つけて指導することができます。それが生徒と一緒になって運営する部活動だと思います。

しかし、部活ではたくさんの権限を先生が持っています。要するに先生の裁量で部活が運営されているのです。例えば、選手の選考です。

バレーボールやサッカー、野球など、ユニフォームを着てベンチ入りする選手を決める。さらにレギュラーを誰にするか、キャプテンを誰にするかも先生次第です。それはまた、進学をするためのスポーツ推薦をもらえるかどうかにも大きく関わってきます。大好きな競技をこれからも続けられる、そして特待生として進学すれば家庭での経済的負担が少しでも減らせる。そんなことまで考えている生徒は少なくありません。

先生がレギュラーを選ぶ理由は、チームの方針、つまり先生の理念に関わることだと思います。

ある先生は、ベンチにいるメンバー全員を試合に出場させるようにしています。チームの優先順位は、勝つことよりも全員が出場すること。この理念をチームに浸透させるには、生徒や保護者の反発などで相当時間を要したそうです。どの場面で生徒を交代させるか、生徒の個性を活かせる場面はどこかなど、とても重要だそうです。例えば、試合の後半で送りバントの場面というときに出てくる生徒がいます。長打は期待できませんが、送りバントはチームで一番うまい。そういう、誰もが納得できる根拠も必要です。

大事なことは、先生が決めたことを丁寧に生徒へ説明することだと思います。キャプテンに選ばれて何を期待されているのか。これも生徒に伝える必要があります。

しかし多くの先生は、自分の経験を参考にして日々の練習の指導しています。したがって先生からの一方通行のコミュニケーション、つまり意思疎通の少ない練習になりがちなのです。例えば自分の指導どおりにできていないというだけで、失敗したとかできていないということになってしまいます。そして、「なんでできないんだ」「何度言ったらわかるんだ」と、つい強い口調で追い詰めてしまうのです。次第に生徒は先生の発言や顔色を気にしながら行動するようになり、先生に怒られないようにしようとして、嫌なことでも我慢してしまいます。すると、チャレンジして失敗することを避けてプレーするようになっていきます。

先生は、指導者であり部活では優越的な立場にあります。それを利用して威圧的な言葉、行動で生徒の成長を止めるようなことは控えてほしいと強く思います。

②生徒の現状の能力とかけ離れた練習

生徒の現状の能力とかけ離れた練習とは、大きく2つに分けられます。

1つは能力以上の練習をすることです。これは無理な目標を設定しているために起こります。例えば大会で新記録を出したい、全国大会に出場したいという、目標達成のために生徒の体力や能力とかけ離れた負荷をかける無理な練習です。生徒に過度な期待をかけてしまうのです。

長時間の練習はまだ多いように思います。1日4時間の練習、週末は練習試合や遠征、というように練習が休みの日は月に数日だけの部活もあります。

バレーボールやバスケットボールでは、身長が高い新入生が入学すると、本来であれば一定期間、競技に必要な基礎練習をしなければいけません。ところが、早くチームを強化したいがために、レギュラーと一緒にチーム練習に参加させてしまうことがあります。しかし、期待どおりの結果を出せずに叱責され、大きな屈辱を感じて精神的に追い込まれたり、怪我をして競技を続けられなくなってしまったりといった新入生はたくさんいます。私も30年以上の間にたくさん見てきました。

もう1つは選手の能力からかけ離れた、低いレベルの練習をさせることです。レベルの低い練習、その競技に必要性がない練習、雑用などです。ここで注意すべきなのは、生徒に正当な理由を伝えずに指示していること。これでは、先生の感情的な理由、あるいは単なる罰と言えるものでしかありません。

例えば、練習中に先生の個人的な買い物をさせて練習に参加させなければ、生徒は屈辱感でやる気をなくしてしまいます。チームのモチベーションが低下する要因にもなります。これは指導といっていますが、見せしめになっていますよね。

「先生の言うことを聞かないとこうなるんだぞ」と。他の生徒が先生に同調してしまうと、部活内でのいじめにもつながりかねません。

部活動の練習時間や休養日はどのように定められているのか、部活動に関するガイドラインが示されていますので紹介します。

〈適切な休養日等の設定〉

○学期中は、週当たり2日以上の休養日を設ける。（平日は少なくとも1日、土曜日及び日曜日（以下「週末」という。）は少なくとも1日以上を休養日とする。週末に大会参加等で活動した場合は、休養日を他の日に振り替える。）

○長期休業中の休養日の設定は、学期中に準じた扱いを行う。また、生徒が十分な休養を取ることができるとともに、運動部活動以外にも多様な活動を行うことができるよう、ある程度長期の休養期間（オフシーズン）を設ける。

○1日の活動時間は、長くとも平日では2時間程度、学校の休業日（学期中の週末を含む）は3時間程度とし、できるだけ短時間に、合理的でかつ効率的・効果的な活動を行う。

※（「運動部活動の在り方に関する総合的なガイドライン」平成30年3月スポーツ庁「3」より抜粋）

運動部活動はスポーツ庁、文化部活動は文化庁が担当として教育関係機関に通達をしています。

スポーツ庁の部活動実態調査では、中学で4割、高校で7割が時間超過であると、朝日新聞デジタルが報道しています（2018年調査実施）。そのような時間超過の対策として、例えば茨城県教育委員会は、公立中高、特別支援学校の部活動の平日の活動を「2時間程度」から「上限2時間」と変更して、2023年4月から運用開始すると発表しています。

③練習環境が害される指導

先に引用しましたが、スポーツ庁は「運動部活動の在り方に関する総合的なガイドライン」を策定しています。それに沿って学校は部活の運営をしています。

また、先生は決められたルールで様々なことに配慮をして指導しています。その中でも優先順位が高いのは生徒の安全を守ることです。怪我や事故、そして生命が危ぶまれる環境は絶対に避けなければなりません。

対策をしっかりしていれば防げることはたくさんあります。しかし、先生の判断ミスで起こる事故は、現在もあります。例えば、バスケット部の生徒が炎天下の校庭で練習していたら、めまいがして生徒が倒れた。野球部の生徒がロードを長時間走っていたら熱中症になった。練習の後半にラストもう1本と言ってダッシュをさせたら転倒して怪我をした、などです。これらは、教師の管理不足や、教師が悪環境を知りながら理不尽な罰として強制的に指示していることもあります。これは生徒の生命に関わることです。

近年では気象状況の対応にも苦慮せざるをえません。日本の広範囲で猛暑が発生し、気温は年々上昇しています。夏の異常高温や冬の極端な気温低下が見られます。今までの経験にはなかったことです。このため、一定程度気温が高ければ練習しないと決めるなど、組織として防止に取り組んでいる学校が増えています。

先生の労働環境

先生の労働環境はどのようになっているのか。労働時間、休暇、業務内容、組織について取材をしました。課題や問題を抱えて日々の業務を進めている状況が新たにわかりました。平日は午前8時15分から午後4時45分までが勤務時間になっています。基本的には土日は休みですが、多くの先生はこの時間帯で業務を終わらせるのは厳しい状況です。

例えば、平日の朝は保護者からの電話への対応があります。内容は保護者からの連絡を取りまとめることで、生徒が学校を休むなどの電話連絡です。授業が始まるかなり前の7時30分頃からその対応に当たらなければなりません。コロナ禍の影響で、こうした業務は増加してきました。

先生の担当教科の授業は1日2回から4回までになっているようです。授業がない時間を利用して授業の準備などをしています。業務をこなす量や時間は先生によって個人差があるようで、やはり経験や受け持つ学年の違いなどが影響しています。もちろん授業だけではなく、他にもたくさんの業務があります。学校行事の準備、生徒指導、研究授業の対応、委員会出席、部活動などです。

学校はフラットな組織体系になっています。校長、教頭以下管理職教師が数名で、あとは横並びです。底辺が広いピラミッド型の組織になっています。また、学年単位、教科ごとの組織があります。多くの先生の声として「相談する上司が少ない」「いや、いないですよ」と言う先生は少なくありませんでした。これは公立・私学両方の先生が言っています。

学校生活での問題や課題に組織として対応するというよりも、先生たちが主体的に取り組んでいるようです。現場で処理・対応をしていることが多く、失敗例や成功例を共有できていないように見えます。学校や組織としての知見が積み上がるような組織体系にできたらよいのに、と思います。そうしておかないと、例えば先生が転勤あるいは退職した場合は、また最初から取り組む必要があるからです。

2

指導とハラスメント
～体罰以外はOKと思っていませんか？

――生徒に対する教師のパワハラ・セクハラ

ここではまず、学校の部活動で起こっているパワハラとして、体罰、ひどい暴言、部活内で孤立させる、生徒が達成不可能な目標を強要する、生徒の現状能力よりはるかに低い目標を指示する、プライベートに執拗《しつよう》に立ち入るなどの6項目を取り上げます。

1．パワーハラスメント6項目

①「身体的な攻撃」の事例
②「精神的な攻撃」の事例
③「人間関係からの切り離し」の事例
④「過大な要求をする」の事例
⑤「過小な要求をする」の事例
⑥「個の侵害」の事例

次にセクハラとして、マッサージと称して女子部員の体に触る、卑劣な言動をする、卑猥な画像や動画を見せつけるなどして、それを断ることで生徒に不利益をもたらす「対価型」。執拗にデートに誘うなどして、環境を悪化させる「環境型」の2項目を取り上げます。

2. セクシャルハラスメント2項目

①「対価型セクシャルハラスメント」の事例
②「環境型セクシャルハラスメント」の事例

以下で、それぞれ事例に沿って項目ごとに解説したいと思います。あなたが知っている、テレビなどで報道されている事件だけではなく、誰もが起こし得る身近にある事例についても解説します。身近で起こっているハラスメント行為が長期間続き、複数の生徒が対象となる大きな事件になってしまうことも多いのです。

また、被害を受けた生徒が進学・就職して、今度は加害者になってしまう傾向が高いことも忘れてはいけません。多くの教師がパワハラ行為をしている理由の1つとして、自分が学生の頃同じような指導を受けた経験があると答えているのです。この負の連鎖を決して繰り返してはいけません。重要なのは、ハラスメントは早く、小さいうちに解決して再発防止につなげること、そしてその知見を共有することです。

3．パワーハラスメント

パワーハラスメントとは、地位や人間関係などの優位性を背景に、適切な範囲を超えて精神的・身体的苦痛を与える、または環境を悪化させる行為をいいます。

①身体的な攻撃

●暴力はどんな理由であれ許されません

身体的な攻撃とは暴力、体罰です。部活では弱い立場の生徒が被害を受けています。いかなる理由であれ暴力は刑法に触れ、決して許されることではありません。しかし部活動では体罰は起こっていますし、なくなっていないのが実情です。学校では優位的な立場にある教師が、パワハラで生徒をコントロールしようとする事例が後を絶ちません。

体罰はスポーツの強豪校だけに限ったことではありません。先生と生徒だけで外部から閉ざされた環境で活動しているから起こりやすいのであれば、運動部だけではなく文化部でも起きているのは道理です。

先生が思うような行動を生徒ができなかったりすると、先生はイライラして叱りつけて、生徒の胸ぐらを強くつかん

図２－１　身体的な攻撃

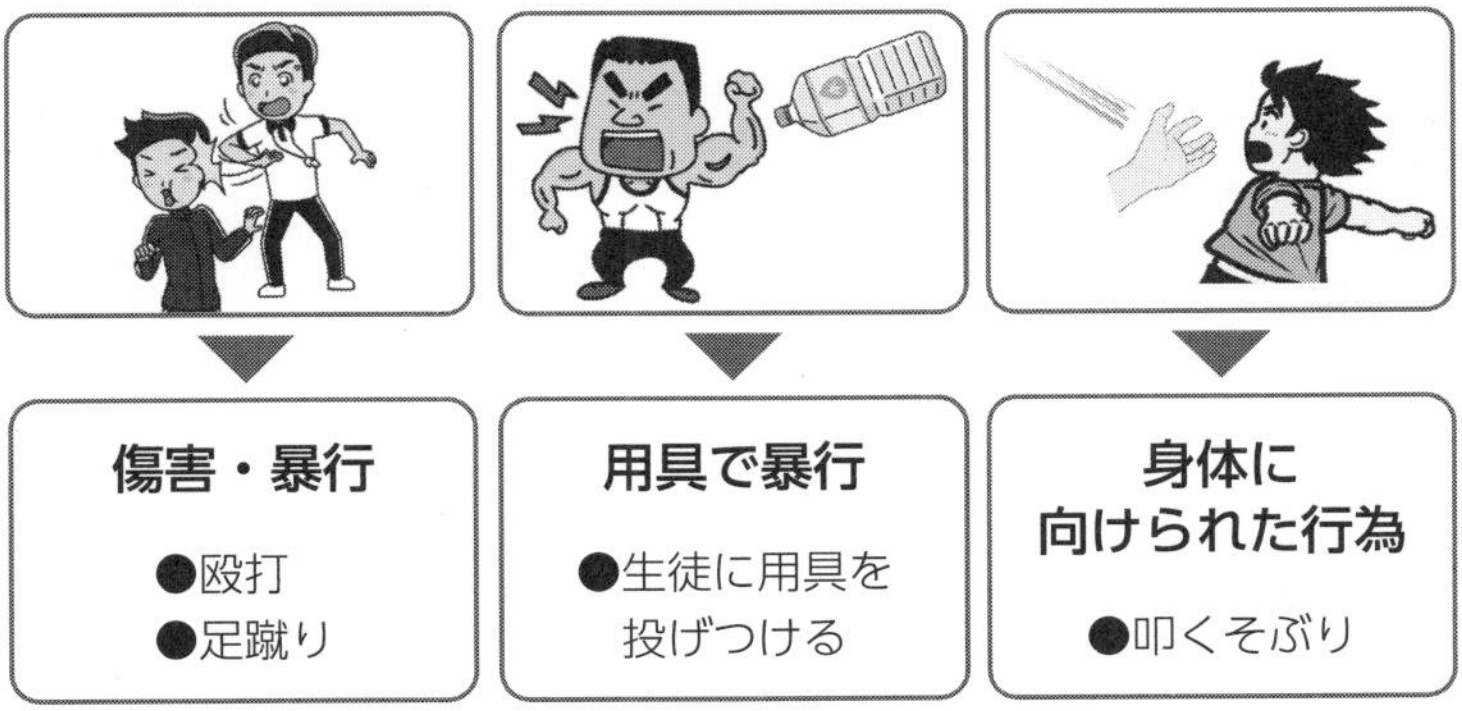

だり、それがエスカレートして顔を平手で叩いたり、部活で使う道具で生徒の頭を叩いたりします。これらは誰かが通報しなければ事件にならず、表面化しないことがほとんどです。したがって改善されることは少なく、そして数年後に生徒が卒業すると「なかったこと」になってしまうのです。

実際の事例をご紹介します。

〈事例1〉

私は鼓膜が破れるほどの強さでビンタをされました。新人チームになって初めての大会まであと2週間というときのことです。この時期の先生はとてもピリピリしていて、とにかく怒鳴ります。プレーのことだけではなく返事が遅いとか声が小さいとかでも怒られます。一人の生徒がミスをするとそれが連鎖してしまい、練習に集中できなくなっていました。とうとう私も練習中にミスをしてしまいました。先生は顔を真っ赤にし、ダッシュして私のところに近づき、その勢いのまま顔にビンタです。大きな手で叩かれ、耳がキーンと鳴りました。その日の練習は痛いのを我慢して続けましたが、叩かれた耳は音が聞き取れにくくなって翌日病院へ行き診察を受けました。医者からは鼓膜が破れていると言われ、とてもショックでした。通院して耳がよくなるまで、練習は見学か軽いトレーニングだけでした。この暴力のことを母に話せたのは高校を卒業してから10年後です。「どうしてすぐに話してくれなかったの」と母に言われました。今になってそのときに言わなかったことをとても後悔しています。

●ペットボトルは凶器です

ペットボトルが飛んできて額が切れた、という事例です。直接叩くなどしなくても、用具などを使って生徒に暴行するのは身体的な攻撃に当たります。

〈事例2〉

その日は監督と生徒たちが合宿の日程、場所などを話し合うミーティングの日でした。マネージャーは黒板を綺麗に拭いて準備をしています。泊まりの合宿は生徒も楽しみにしていて、何かそわそわした気持ちが顔や態度に出ています。教室でおしゃべりをしていたところに監督が無言で入ってきました。機嫌はよくない感じです。ミーティングが始まり最初に監督の案が発表されました。マネージャーが「何か意見はありますか？」と言うと何人かの生徒から質問や要望などが出てきて、監督の案から大分内容が変更になってきました。

生徒からの想定外の質問や要望で先生のイライラが段々と怒りに変わっていくのを感じました。思わず先生はテーブルに置いてあるペットボトルを生徒に向けて投げてしまいました。まだ水が半分以上入っているボトルです。生徒の額に当たって切れて出血です。監督はその赤い血を見てハッと一瞬で我に返りましたが、もう遅かったのです。

「身体的な攻撃」とは直接叩いたり蹴ったりするだけではなく、ペットボトルやノートなどの用具で殴るのも暴力になります。先生のそばに置いてあるペットボトルやノートなどを投げることはとても危険です。怪我をする可能性がとても高いのです。

実はその日の朝、監督は家族の間でトラブルがあり、イライラしているのを我慢していたそうです。このようにプライベートの問題が要因で精神的に不安定な状態で暴力を振るうこともありますので、感情をコントロールすることがとても重要です。

●生徒を威嚇したり、怖がらせたりしていませんか

先生が素手や道具を使って生徒を叩くことはもちろんですが、生徒に叩くそぶりをするだけどもパワハラと認定されます。例えば生徒を威嚇する行為です。怖がらせる手段として、ビンタと思わせ顔スレスレに手が当たらないようにするオーバーアクション。足蹴りが当たる寸前で止めて生徒をびっくりさせるなど。

このような指導環境で生徒は安心して練習できるでしょうか？ 楽しいでしょうか？ 部活動を続けられるでしょうか？ こんな環境では続けられませんよね。

生徒が怖がって練習に集中できないような、生徒を威嚇する行為が頻繁に続いているのであれば、パワハラになります。また、試合に負けたからといって生徒の意に反して強制的に丸坊主にさせる。これは強要罪に当たる可能性があります。先生の威嚇行為を気にしながら行動するようになると、スポーツに必要な積極性や自主性が失われる要因になります。このような行為で生徒をコントロールする

ことは絶対にやめてください。

②精神的な攻撃

●長時間の叱責はダメ

各都道府県の高校総合体育大会は6月に開催されています（冬季競技は除く）。私は前職でスポーツメーカーに勤務していたので、毎年、会場に行っていろんな競技を観てきましたが、それぞれに競技特性や指導者の個性が出ていて面白いものです。

最後の大会となる3年生もいますが、いくつかの競技は年末年始に全国大会が開催されるので一部の3年生は部活動を継続します。応援は生徒だけではなく保護者や学校、部活関係者の皆さんも会場に来ています。準決勝や決勝まで勝ち進むと、学校は多くの生徒を応援に動員します。決勝戦だと全校応援になることもあります。学校や卒業生、関係者の期待が大きいので、生徒だけではなく顧問の先生も気合が入っていて緊張もピークになっています。

試合では練習どおりの実力が出せず、残念ながら負けてしまうことだってあります。よく目にするのが、敗戦チームの選手が整列して監督の長時間のお話し（説教に近い）を聞いている光景です。それも試合が終わった直後なので、ユニフォームはびしょびしょに濡れています。選手は落ち込んでいて疲れているのが見てわかります。落胆している様子からうわの空の生徒だっています。3年生は最後の試合で、監督は感情的になり話が延々と長時間になりがちです。30分以上続くこともあります。もっとも、勝ったチームでさえ試合の内容が悪ければこのように延々と長い話が続くことがあります。

図2－2　精神的な攻撃

名誉感情を害する言動
加害を加えることを示して脅す
生徒の社会的評価が下がるような事実を明らかにする

先生の思いや不満を生徒にぶつけて、少しは気持ちが収まるのでしょうか。試合が終わってお互いが感情的になっているときに、先生の話を長時間聞かされても心に残っていません。私も高校生の頃はそうでした。あのとき先生がなんて言っていたかは覚えていません。

どうして負けたのか、なぜ失敗したのか、ネガティブなことばかりに焦点を当てて話すよりも、冷静になってどうやったら次できるかを具体的に話して指示するほうがよいでしょう。試合終了後は感情的になっているので、次の日に冷静になって振り返るのが望ましいと思います（参照：『なぜ、子どものスポーツを見ていると力が入るのか』谷口輝世子著／生活書院）。

●生徒の体調は主観的に判断をしてはいけません

生徒からは自分の意見を先生に言えないことが多いと思います。直接言えないので行動や態度で意思を伝えようとします。例えば膝が痛くて横の動きが遅くなる。昨日よりも痛みが強くなってきた感じがするので病院に行きたい。それで、病院へ行きたいことを伝えるために足をひきずったり、痛いことを顔に出したり、どうにか先生に伝えようとします。

熱が38度あり休ませてほしいと言ったら、汗をかいたら熱が下がると言って練習を休ませてくれなかったという話を聞きました。体調不良を先生やコーチに訴えて休ませてほしいと伝えても、合宿中だから最後まで我慢しろ、気合が足りないからだなどと、先生が主観的に判断して生徒の意見を聞き入れないという話もありました。生徒は仕方なく合宿に参加し続けましたが、体調が悪化してしまい、病院に行くと医師からは入院と言われました。その後、生徒は治療のため長期間学校に登校できなくなってしまいました。

生徒の病気や怪我を、現場の先生やコーチが根拠もなく主観的な判断をしてしまうと状況が悪くなることがあります。必ず医師に診てもらうなど専門家の判断を仰ぐことが重要です。生徒は会話だけではなく行動や態度、顔の表情で意思表示をしようとします。先生は冷静になって生徒の話を傾聴して、お互いにコミュニケーションを取ることが必要です。

●生徒のミスと外見は関係ありません

目標を達成する過程においてはたくさんの失敗が繰り返されます。失敗を経験して成功へとつながっていきます。その積み重ねがあって目標が達成されます。ところが教師はどうしてもミスに焦点を当てて、なぜできないのかと、できない理由ばかりを突き詰める傾向が強いのです。昨日まではうまくいったけれど今日はなんだかミスが多い。そういうときもありますよね。生徒からはこんなことを聞きました。

「だって、先生の指導がよくわからない。もっと丁寧に詳しく教えてほしい」「先生はいつも、早くやれとか、何やっているんだとか、怒ってばかり」中には「今朝お母さんに叱られて練習に集中できなかった」という声も……。そんなときだってあります。

先生は生徒の心情やミスをした理由も聞かず、注意しているうちにだんだんと感情が高ぶってミスとは何の関係もない生徒の仕草や外見までなじってしまいます。例えば髪の毛が長い、着ている洋服の色が気に食わない、その言い方に腹が立つ、お前はバカだ、などと言ってしまう。生徒がしたミスだけではなく、次第に本人の外見や性格をなじる発言をしてしまうのです。ミスした行為と本人の外見は切り離してください。

生徒を叱るときに、上から目線でついついマウントを取って問い詰めていませんか。

●わざと生徒の前で名誉を傷つける言動をしていませんか

〈事例3〉

スポーツ推薦で入学した生徒が昨年より5人多いという学校の話です。その理由は、この学校が2年後に創立80周年を迎えるので、ある競技で全国大会3位

図2－3　精神的な攻撃

叱る・注意する、指導スキルの見直し

●その競技で必要性のある指導なのか？
●見せしめになっていないか？
●叱責が長時間になっていないか？

以内を目指しているからです。今年から選手強化をしてコーチも増やし、体制を整えました。顧問の先生のプレッシャーは相当なもので、練習、生徒の態度、試合の結果など隅から隅までチェックして悪いところを指摘しています。先週の練習試合では後輩が指導している学校に負けてしまいました。

1、2年生を中心にしたチームだとミスが多くなっています。その1年生は集中的に指導されていて期待が伺われるのですが、まだ体力不足で上級生のスピードについていけていません。監督は「こんなプレーもできないのか。中学生以下だぞ。今度ミスしたら1年生は連帯責任だからな」と、生徒を脅かしています。練習中に生徒の前でわざと20分以上も説教をしています。「高校総体で負けたらお前のせいだぞ」とまで言われた生徒は精神的に不安定になり、部活を休むようになりました。

生徒の前で長時間の説教や名誉を傷つける言動はパワハラに当たります。指導方法の見直しが必要です。

③人間関係からの切り離し

●仲間外しはいじめです

「何度言ったらわかるんだ。２年生全員、連帯責任だ」と、同学年の生徒全員でのきつい練習が始まります。しかし、連帯責任を負わせることで一人の生徒を追い詰めることになりかねません。それで問題は解決しないと思います。連帯責任をちらつかせて生徒のミスを減らすことはできません。プレッシャーを重くして生徒たちの行動をコントロールができたとしても、それは最初の１回だけです。

先生は、できるようになるにはどうするかを具体的に指導していないために、同じミスが繰り返されます。そして段々

図２－４　人間関係からの切り離し

●聞かない
●情報を伝えない

と連帯責任の内容が強くなります。罰として校庭1周走れだったのが、校庭5周走れ、正座しろ、とエスカレートしていき収拾がつかなくなります。どうやったらできるようになるかを具体的に説明して指導することが求められます。

連帯責任を負わされて腑に落ちない生徒たちの間では、トラブルが発生してしまうことがあります。例えば生徒の間で仲間外れが起こります。またその生徒だけが気づかない隠語でコミュニケーションをしたり、部活の連絡事項をわざと伝えなかったりする。生徒は悩んでしまい部活動に参加できなくなり退部。先生が負わせた連帯責任が原因で生徒間の関係が悪くなってしまい、会話もなくなり仲間外れ状態で大好きなスポーツを辞めざるを得ない。教師が生徒を巻き込んだ悪質なパワハラ行為です。このような連帯責任は負わせないでください。

●話をしない、聞かないは無視です

生徒たちが自主的に練習メニューを作成している部活動は少なくありません。

〈事例4〉

この学校の陸上部の目標は、県予選を勝って地方大会に出場すること。あと10秒タイムを縮めれば、県大会ではベスト4に入ることができ、県の代表として地方大会に出場できます。今年転勤してきた陸上部の顧問は敏腕で名の知れた有名監督です。以前勤務していた学校では、駅伝の全国大会に何度も出場していました。この学校は進学校で、学業重視はもちろん生徒の自主性を尊重して部活動を運営しています。

大会2カ月前になり、練習メニューの件で主将と顧問に意見の相違が出ました。主将は希望している種目から外され

図2－5　人間関係からの切り離し

いじめの要因チェック

- 容姿をなじる
- 行動を揶揄
- 無視するl敵意を持って見ている
- 敵意を持って見ている

先生の言動で人間関係が良くなる

てしまいました。この件をきっかけに、顧問は一切主将の意見を聞かず無視するようになってしまい、練習のスケジュールさえ伝えていません。こんな状態が続き、主将は精神的に落ち込み学校を休むようになってしまいました。

大会メンバーの選出理由は不明です。顧問は生徒に何も説明していません。部活の方針変更などの理由を明確に伝える必要があります。顧問の権限を振りかざし、指示どおりできないなら無視する、メンバーから外すなどは許し難い行為です。

●みんなと違う練習ばかりさせられる

〈事例5〉

個人練習は今日で1週間です。体育館から往復10キロのコースをランニングで約1時間。戻ってくると練習は終わりに近づいており、もう参加はできません。完全に他の生徒と隔離状態の練習です。

先生の言うことに嫌な顔をしたら練習から外されたのです。生徒には個人練習の理由は告げられておらず、納得できるはずがありません。先生に意見を言うと、一人での個人練習の時間が延びるばかりです。先生は先週の練習試合に負けたことを根に持って、何かと罰を与えて生徒が反省するのを期待して待っているようです。

隔離練習は今に始まったことではありません。そのせいで毎年何人かの生徒は部活を辞めていくようです。以前にスポーツ推薦で入学してきた生徒が一人だけ違う練習をさせられて部活を辞めてしまい、学校も退学してしまったことがありました。

生徒にはそれぞれ個性があり課題も違います。それぞれの課題をしっかり説明して、どうすればできるようになるかを話すことが必要です。

④過大な要求をする

●体力を超える練習

指導者の先生とお話しすると、よく聞くことがあります。「私は経験上わかります。生徒の能力が一段上がるとき、伸びるときが。そこで追い込みます」と。

いろんな競技の先生が言っています。あと1秒早く、あと5センチのジャンプ、ボールに届くまであと10センチ。具体的な数字で成長を実感します。しかし、生徒の能力には個人差があります。1カ月、2カ月と生徒に合った成長の時間があります。一律に1カ月でやれ、なんて無理ですよね。無理な目標、時間制約にならないように指導してほしいものです。

図２－６　過大な要求をする

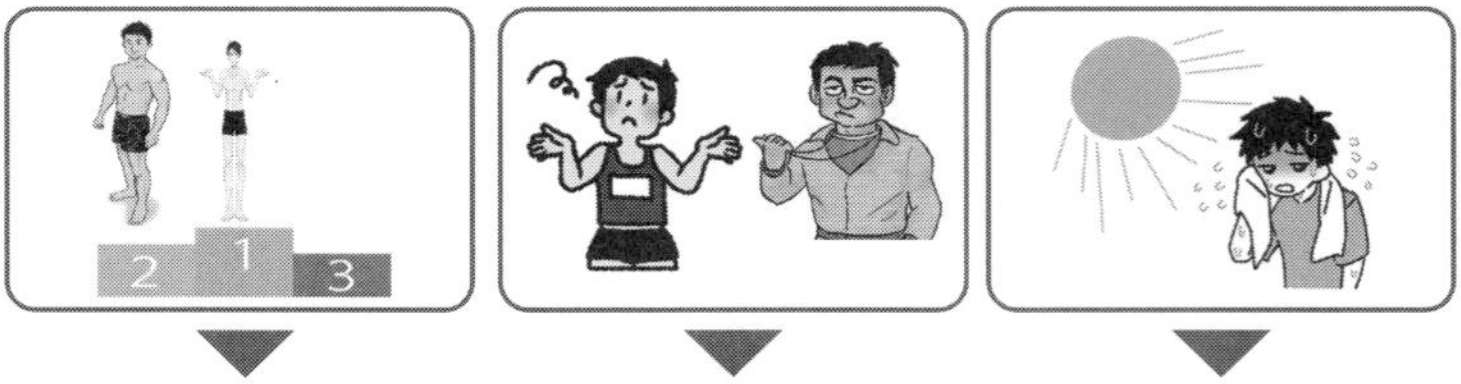

無理な目標	過渡な期待	時間制約
●肉体的苦痛を伴う指導 ●能力とかけ離れた目標	●未達成による屈辱感や叱責	●過酷な環境下での練習

〈事例6〉

紹介するのは高校陸上部の事例です。練習終了間際で外は暗くなりかけていきます。生徒は大会に向けて暑い天候の中、日々の練習で疲れています。それでも先生はラストもう一周をいつも指示します。時には2周、3周になる日があります。

この日は合宿最終日で疲労がたまっていました。体力、思考力ともに限界に近い状態です。最終日なので前半の練習で飛ばしすぎたようです。生徒は言われたとおりにラスト1周、力を振り絞り走りましたが、途中で脚が絡まって転倒してしまいました。すぐに立ち上がろうとしたのですが立てません。マネージャーの力を借りて日陰に移動しました。疲労骨折で全治2カ月。スポーツ活動は禁止です。今シーズンは大会に出場できません。まだ2年生なのでもう1年ありますが、今はモチベーションが下がっています。

どうでしょう。練習で追い込むだけではなく、顧問やコーチは生徒の様子を観察することが大事だと思います。例えば、練習中の生徒の疲労度、動きや目の焦点を見るなどして練習量を調整する。そして生徒の疲労度に配慮することが必要です。この日は合宿最終日でかなり疲労がたまっている状況を考慮する必要があったと思います。練習内容や時間を変更するなど柔軟な対応が求められます。合宿では練習量が増えます。生徒への負荷のかけ過ぎは怪我の原因になります。

●深夜にメールが着信

〈事例7〉

私は今年の4月に新任コーチになりました。部活の顧問は初めてで不安はありますが、期待というかテンションは上がっています。学生時代の競技経験を活かして部活の運営をしたいと思っています。練習メニューやスケジュールなどは監督と共有して、練習試合のスケジュールも相談しながら決めています。

しかし、問題があります。監督からいつも深夜にメールでいろいろ指示をしてくるので困っているのです。多分、お酒を飲んだ後に送ったメールだと思われます。生徒への愚痴が多く、深夜に読むのはとてもしんどいし、寝不足になるし、精神的にもとてもよくありません。

また、内容は緊急な案件が多くて対応するのが大変です。先月は予定になかった遠征の計画立案の依頼でした。宿泊先や移動方法を調べ、保護者への費用負担の依頼文を、授業の空き時間に作成をしなければなりません。私の授業の準備にも影響が出てしまいます。

この事例では監督は無計画なことが多いように思います。業務時間外、それも深夜に連絡するのはなぜでしょうか。やむを得ない事情があるのならその理由を伝え、納得してもらわなければなりません。

・なぜ緊急な遠征になったのか、遠征の目的
・今後はこのような緊急案件をなくすための対策
・コーチに任せっきりにするのではなく、一緒に調べて手配をする

このようなことを伝える必要があります。

先生たちの限られた時間は大切です。時間制約になる業務などを繰り返し指示することは業務の妨害となります。

●目標に合理性がありますか？

〈事例8〉

今年の陸上部の新入部員は去年と同じ5名です。上級生が熱心に勧誘しましたが、目標の新入部員には届きませんでした。先生は陸上部の存続が危ういと感じ、こう考えます。

「もし地方大会や全国大会へ出場する選手が出れば、来年の新入部員は増やせるかもしれない。生徒の勧誘はしやすいし、学校から推薦入学の枠をもらえるかもしれない」

先生は過去の記録を参考にして、生徒たちの目標を設定。その目標が達成できるように練習メニューも組んでみました。しかし、現在の生徒の能力では無理な目標が多く、練習は厳しくなるばかりです。日々の練習で記録をチェックしていますが、記録は伸びず、先生は連日怒りながら指示をするようになってしまい、数名の生徒は疲労がたまり故障し始めました。また新入生2名が陸上部を辞めたいと言って、練習を休むようになりました。

このような状態で生徒たちは自主的に部活を続けられますか？　走る楽しさ、部活を続けるためのモチベーションを保てるでしょうか？

生徒たちの身体能力、個性は様々です。これからの競技生活は長く、この1年に集中して記録を伸ばすことには限界があります。生徒の能力からかけ離れた目標設定や過度の練習をさせることは過大な要求になります。部活の方針などは先生が単独で決めるのではなく。生徒の希望や思いを考慮することも大事です。短期的な視点ではなく長期的な視点で運営方法を見直す必要があると考えます。

⑤過小な要求をする

●お前は今日からマネージャーだ

〈事例9〉

週末は紅白試合をする日でした。部員が少ないので全員がそろわないと試合はできません。先週の土曜日は学校に来る途中で交通事故があり、私が乗っているバスが渋滞に巻き込まれてしまいました。電車に変更するため駅まで20分歩かないといけません。その日は練習に1時間遅れて参加しました。体育館に入ると先生と目が合ってしまい、私は思わず下を向いて先生のところに行き、遅れた事情を話しましたが、「わかったから」という不機嫌な声。その日は練習には参加しましたが、いつものような指導はしてもらえませんでした。

1年生の私は先輩や他の部員に合わせる顔がありませんでした。キャプテンには謝り、事情を話して納得してもらい、キャプテンからは「あまり気にするな。これから頑張れよ」と励まされました。ところが、週明けの練習日に先生から「お前の代わりはいくらでもいるからな」と言われ、毎日、記録の記入、スケジュール表の作成、部費の管理などを

図２－７　過小な要求をする

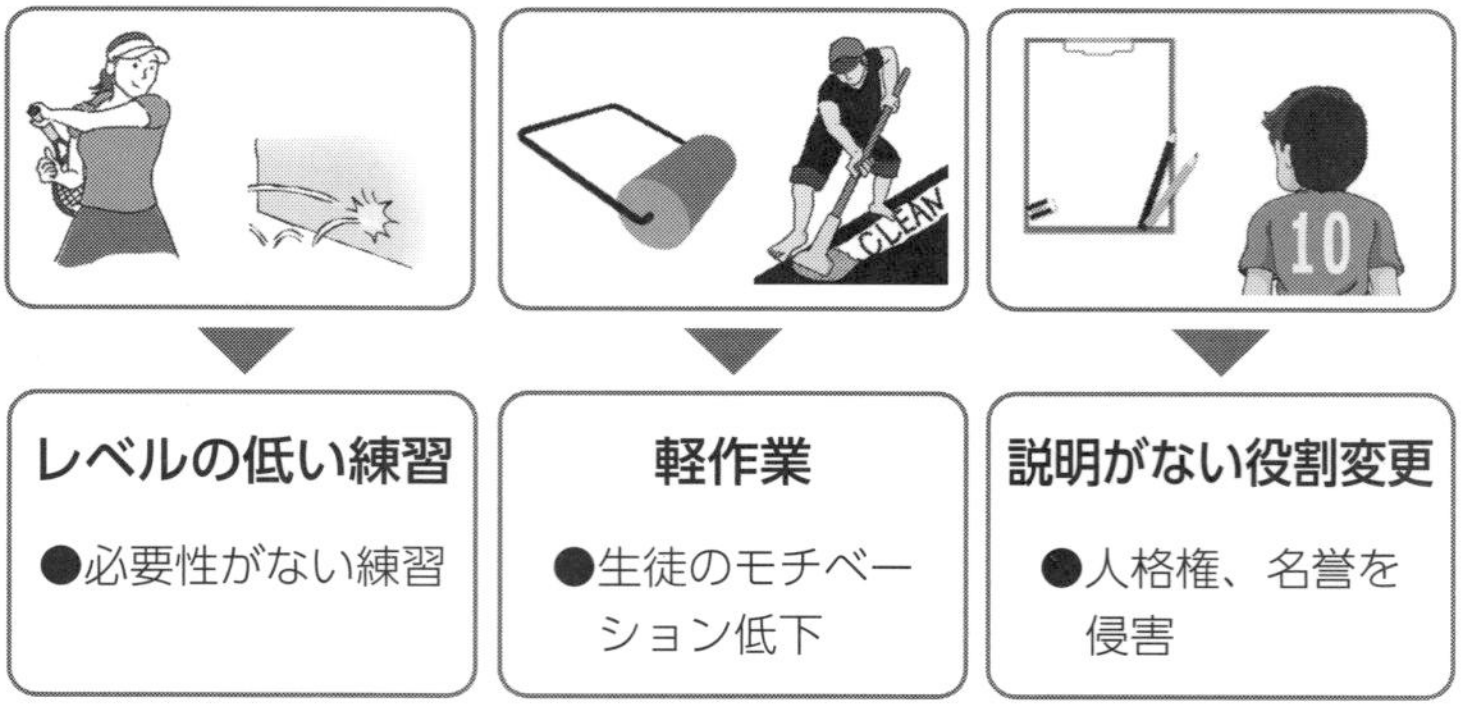
CLEAN
10
レベルの低い練習
●必要性がない練習
軽作業
●生徒のモチベーション低下
説明がない役割変更
●人格権、名誉を侵害

するマネージャーの仕事をさせられました。納得する理由は話してもらえません。中学から続けてきたこの競技は大好きでしたが、楽しかった部活も今では苦痛で仕方がありません。

この生徒をマネージャーにする正当な理由を説明していませんね。交通事故の影響で部活に遅れた生徒の主張を聞こうともせず、生徒を信用していません。先生の感情的な判断で部活運営をするような対応は、生徒やチームのモチベーションの低下につながります。「過小な要求をする」パワハラと言えるでしょう。

●個人練習ばかり1週間

〈事例10〉

私はバスケットボールの特待生として高校に入学しました。中学校では水泳部でしたが、身長が185センチと高く、将来性を見込まれて声がかかりました。アニメやマンガではバスなどのスポーツ系は大好きで、。チームスポーツに興味もあったのでやってみたいと思っていました。入学して1年間は基礎を中心に練習をしましたが、3年生が引退して新チームになってからは練習試合に出ることが多くなりました。今年の新入生は、中学校で全国大会に出場するなど経験も実績もある生徒が多く新チームになってから私とポジションを争うようになります。私は経験が浅いのでプレーに波があり、好調な時と不調なときがあります。先生からは叱責されることが増え、ミスも多くなってきました。先日は格下の高校との練習試合があり、ここで活躍できればレギュラーに近づけるチャンスだと感じていました。しかし、気持ちに焦りが出てしまい、ミスの連続です。先生はベンチから立ち上がり大きな声で怒鳴って指示を出していますが、私は思いどおりに動けずまたミスをしてしまいました。想定外の大差で格下のチームに負けてしまい、次の日からの練習ではボールに触ることも許されず、一人だけの個人練習が1週間も続きました。

生徒の能力に応じて一定程度練習内容や量を軽減することはありますが、具体的に練習内容を伝えなければなりません。先生の対応は屈辱感を生じさせる行為で、精神的に苦痛を感じさせてしまう行為です。

●先生の買い物に2時間

〈事例11〉

「先生は私のことをあまりよく思っていない」と感じていました。

私が入部した理由は仲のよい友達がいるからなんです。中学校も同じ部活でクラスも一緒でした。私はその友達や部員みんなで目標を達成したいと思っています。きつい練習でもついていこうと必死です。

今年の新入部員に貧血気味の生徒が一人います。その子は私と同じ中学で、私がサポートしなければいけないと思っています。激しい練習を30分ぐらいすると、膝に手を当てて下を向いて苦し

図２－８　過小な要求をする

劣等感、屈辱感を生じさせる指導

- 不適切な練習管理
- 学校部活の環境改善

精神的に苦痛な部活の見直し

そうに息をしています。私は背中をさすり、少し休みなさいと言って座らせました。それを見ていた先生は「なんで休むんだ、勝手なことをするな」と言って私のほうを見てにらみます。その子はまずいと思ったのか、また練習に参加しますが、すぐに息が上がってしまいます。このようなことの繰り返しです。

最近、先生は私とその新入部員を引き離そうとして、私に練習以外のことを言いつけます。先生が使う肘用の湿布を買いに行かされています。それも練習中です。しかも、メーカーとサイズを指定されて、数は大量で1店舗の薬局で買える量ではありません。何店舗か回るので時間がかかります。今回は買い物に2時間かかりました。学校に戻ると練習は終了間近です。みんなと一緒に練習はほとんどできません。

先生が個人で必要なものを、正当な理由もなく生徒に買い行かせるとは、どういうことでしょうか。公共性の高い部活動です。先生の私用を優先していては健全な部活運営にはなり得ません。一部の生徒をこのように扱うのは、いじめと言ってよいでしょう。

⑥個の侵害

●その一文字が凶器になります

　飲酒をしたあとの深夜のメールや電話、ＳＮＳでの発信はトラブルの原因になっています。できるならば避けてほしいと思います。メールを打ち込んだとしても送信せずに、翌朝もう一度読み直してください。誤字脱字、削除するところが多いことに気づくはずです。どうしても深夜は思考がネガティブになる傾向が高いといわれています。相手の悪いところをついつい指摘してしまいます。また、飲酒をすると気が大きくなってしまうので気をつけてください。

図２－９　個の侵害

!!!
誹謗中傷
●身体的特徴を揶揄
●SNSで誹謗中傷を発信
個人情報
●私的事項を公言
●プライベートを詮索
執拗に誘う
●執拗にデートに誘う

ある先生は無料通信アプリＬＩＮＥを使って、生徒に練習の件でメッセージを送信しました。

「今日の練習試合でミスばっかりしてふざけるな」「バカじゃないの！」

ひどい暴言になっていますよね。それも複数の生徒に送っていました。

また、ある先生は居酒屋で酒を飲んでいて、お店で送信していました。お酒を飲むとその人の性格が出ますよね。この先生は怒りっぽくなるようです。飲酒をしたあとの言動はネガティブになりがちです。トラブルの原因にもなり得ます。

このように最近はＳＮＳでの誹謗中傷が多く見受けられ、社会問題になっています。どんな理由があれ、先生が生徒に誹謗中傷することは許される行為ではありません。その一言、一文字が凶器になってしまいます。

●ＳＮＳは正しく使う

ＳＮＳのグループ機能やアプリを使用している部活は多いですよね。効率的ですし、練習の出欠、報告事項など伝達漏れがなく関係者全員で情報を共有できるのが大きなメリットです。例えば練習時間、集合場所、持ち物、役割分担や緊急の連絡事項などです。

〈事例12〉

先生はＳＮＳを部活とは関係がない私的なことに利用しています。女子部員の生徒一人だけに個人メール宛てに部活の連絡事項とは全く関係ない家族関係や恋人のことなどプライベートについて執拗に聞いてきます。女子生徒は最初は返事をしていましたが、最近は既読にしないようにしています。返事をするまで何度も送信してくるので苦痛を感じています。誰にも相談せずに3カ月、

図２－10　個の侵害

●部活上必要な範囲内か？
●生徒との信頼関係？
●コミュニケーション？

社会的評価を下げる発言は名誉毀損や屈辱罪

もう限界です。

先生は立場を利用してプライバシーに立ち入っています。このような行為は完全に一線を超えるプライベートの侵害で、生徒に精神的な苦痛を与える行為です。立場を利用して部活動に関係ない情報を執拗に聞くのはやめてください。

●私的なことを公表

〈事例13〉

練習を始める前と終わるときは全員が整列して、先生の話を聞くようにしています。練習内容について指示や振り返りなどが中心です。今日は日曜日で1週間の振り返りがあるので、いつもよりは長くなります。先生の話が終わったので私と他の生徒たちは「ありがとうございました」と言いました。

その後すぐに先生が「お前、彼氏とデートしているところを見たぞ」とみんなの前で言ってしまいました。部員は「エーっ」という声とニヤニヤした顔で私を見ているのがわかりました。「彼氏ではありません、兄の友達です」と否定しました。それから他の生徒からはからわれるようになり、とても嫌な気持ちです。先生はしつこく「彼氏は元気か？」と話してくるので、今は部活に行くのが嫌になって苦痛です。精神的に辛いです。

このように私的なことを、それも事実ではない噂話を公表されるのは、個の侵害に当たります。その生徒に謝罪をして、今後このようなことは絶対にしないでください。

4.「パワハラ」のまとめ

繰り返しになりますが、パワハラはあなたの身近で起こっています。いくつかのパワハラ行為が重なっていることもあります。報道で知るような事件は氷山の一角です。身近で起きていることは外部に漏れることが少なく、ほとんど知られていません。早く、小さいうちに解決することが重要です。パワハラが起こると、被害者の生徒は心身に苦痛を受けます。暴力による怪我や外傷、精神的な苦痛や傷害になります。学校や部活だけではなく、日常の生活を正常に送ることができなくなります。生徒の将来に大きな悪影響を与えてしまうのです。

また、加害者の教師も懲戒処分などによって経済的負担はもちろん、行政・民事・刑事的な社会責任を負うことになりかねません。誰もが幸せになれないのは確かです。現代の社会的問題となっている部活で起こっているパワハラは、正しい知識を得て対策を実行することで防げた事件がほとんどです。多くの部活顧問や先生にお会いして感じたことは、パワハラの知識が低いということでした。チーム競技や個人競技、そして顧問の個性の違いだけではなく、競技の特性でパワハラの傾向が異なります。体罰が多い競技、暴言が多い競技、過大な要求を続けている競技などがあります。

体罰だけはしないように意識して指導している先生は多いですが、ある50歳代の先生が生徒のためになるなら体罰はいいと思っていた、また今まで生徒に話していたことや指導方法はパワハラにならないと思っていた、と勘違いしていました。まだまだ先生が改善しなければならないことが、たくさんあると感じています。

この章でご紹介したパワハラ事例は、あなたが過去に被害者として経験した事例や、実際にあなたが行為者として起こしてしまった事例に近いものがあるかもしれません。被害者の生徒は後にパワハラの加害者になる傾向が強いことも忘れてはいけません。

そうです、加害者のコメントとして、過去に同じことを受けていたと話す先生がほとんどだということ。学校組織は先生と生徒で構成されていますので、どうしても優越的立場にある先生が行動や発言を改善しないと、防止することはできません。部活において主役は生徒です。先生の価値観を優先して活動するのではありません。先生は生徒がどうすれば成長できるかを考えてください。他の部活顧問の先生がパワハラにつながる行動をしていたら、指摘をして止めてください。そして健全な部活動になるようにしてほしいと考えています。

5. セクシャルハラスメント

①対価型セクシャルハラスメント

●遠征中はお酒を飲まない

〈事例14〉

夏休みは県外で合宿をするのが恒例になっています。4チームが参加するので、午前中から夕方まで練習試合が多く組まれています。この合宿で新人チームのレギュラー候補が決まります。生徒たちはレギュラーに選ばれるようにプレーに集中しなければなりません。いつも先生から言われているように、積極的にチャレンジして元気に大きな声を出して

図2－11 対価型セクシャルハラスメント

セクハラ行為
●体に触る
●性的な発言をする
●卑猥な SNS 投稿
拒否する
●触らないで！
●行為を注意する！
不利益を受ける
●レギュラー外し
●進学の推薦拒否

先生にアピールしています。

生徒が合宿中に唯一楽しみにしているのが、夕食後の自由時間です。練習の疲れを癒やしたり、緊張をほぐすために音楽を聴いたり、おしゃべりをしたりと部屋に集まりお菓子を食べてワイワイ楽しんでいます。ミーティングは毎日しますが、今日は監督が外食に行ったのでミーティングはありませんでした。

外食からホテルに戻ってきた監督は、ミーティングと称して一人の女子生徒を部屋に呼びました。いつもより多くお酒を飲んでいたようで、先生の顔が赤くなっていて、お酒くさいし、生徒の名前を間違えるし、酔っぱらっているとすぐにわかったそうです。最初は練習の振り返りなどを話していましたが、先生は飲んでいた缶チューハイを注いでくれと言い始め、その女子生徒が「先生、部屋に戻っていいですか」と言うと突然、体を触ろうとしました。女子生徒は抵抗し先生の手を振り解いたら、「マッサージをしようと思ったんだよ」という言い訳。もちろん信じられず、すぐさま部屋を出ました。

次の日、練習中にその女子生徒に近づき先生は真顔で「レギュラーを目指すのは諦めろ、お前の実力じゃ無理だ」と言ったのです。それから練習中は無視をするようになりました。

卑劣な行為ですね。酔って生徒の体を触ろうとして抵抗されてしまい、報復としてレギュラーにさせない。優越的な立場を利用して生徒に不利益を与えています。

先生がお酒を飲んだ後にセクハラ行為をする例はとても多いです。生徒と一緒に行く合宿や遠征では、絶対にお酒は飲まないでください。限られた数日間です。学校としてルール化してほしいと思います。

●抗議を逆恨みしてはダメ

〈事例15〉

先生は明るい性格で、生徒を笑わせてリラックスさせるよう心がけています。持ちネタのギャグはそれほど多くなく、最近は生徒の反応がイマイチです。特に新入生は入学したばかりで、この空気感に戸惑っているようです。先生は練習にとても熱心で、集中しすぎて時間が延びることもしばしばあります。遠方から通学している生徒の保護者は、遅くなるのを見越して駐車場に自家用車を停めて練習が終わるのを待っています。その日の練習で、1年生の女子生徒が先生から言われたことが思うようにできず戸惑っていたら、先生はイライラしてしまい女子生徒の容姿に関わる性的な事柄を公然と発言していました。

その女子生徒から相談を受けた保護者は、先生のそのような行為を確かめようとして、体育館の2階で練習をこっそり見ていました。その日も先生は練習中に卑猥な発言を何度か言っています。保護者はこの状況を学校へ伝え抗議をしました。ところが、先生は学校へ報告されたことを不満に思い、抗議をしたことを理由にその生徒へ指導をしなくなったのです。

先生の言われたとおりに練習ができなかったとしても、生徒の名誉を傷つけるセクハラ発言はしてはなりません。注意や抗議をしたことで生徒が不利益を受けることは、対価型セクシャルハラスメントに当たります。

●恋愛感情と勘違いするお粗末

〈事例16〉

女子生徒はこの競技が好きで、大学でも続けようと思っていました。そのことを先生に話し、どこの大学がいいのか相談をしていました。

将来のことや家庭の経済的なことなど、二人きりで話すことが多くなっていました。相談を受けて数カ月がたつと、先生は次第に女子生徒に好意を持つようになりました。最初は相談していたのが、だんだんと緊密になり好意を持ち始める。このような事例は少なくありません。そして、生徒には「希望の大学に進学できるようにするから、先生に任せな

図2－12　対価型セクシャルハラスメント

セクハラ行為に拒否や抵抗をして 不利益を受けること
●立場を利用した悪質な行為
生徒は二次被害を恐れている

さい」と言い、レギュラーにすると匂わせて生徒に近づき、キスを求めてきました。驚いた女子生徒はその場で抵抗し断りました。当然ですよね。先生は次の日の練習から女子生徒を無視。先生の想定外の行動に生徒は自分の気持ちが整理できません。人を信用できなくなり精神的な不安が続き、練習に参加できなくなってしまったのです。

教師の優位な立場を利用して不謹慎な言動をする先生はいます。生徒を指導する立場の人は、どんな理由であれ生徒を強制的にコントロールすることはできません。このままだと大学への進学もどうなるか不安です。生徒に対価をちらつかせて不謹慎な関係を築こうとする行為は決して許されません。

②環境型セクシャルハラスメント

●セクハラにつながる言動

大会が間近になると練習時間が長くなることはよくあります。交通アクセスが不便なところにある学校では、練習後の生徒が帰宅する方法が限られています。

また、天候が悪くなると電車やバスが運休になることがあります。

　このようなときは、保護者が生徒の送迎のために学校へ行ったり、先生が車で生徒を相乗りさせて自宅に送ることもあります。


〈事例17〉

　練習後なので生徒たちもリラックスしていて、先生の車内で楽しそうにおしゃべりをしたり、唄を歌ったりしています。最後の生徒は助手席に座ることが多いので、話はプライベートに及ぶこともあります。「彼氏はいるの？」「好きな男の子はいるの？」という立派なセクハ

図２－13　環境型セクシャルハラスメント

接触
●執拗に体に触る
●手を触る
発言
●卑猥な言動をする
視覚
●卑猥な画像を見せる

ラ発言にしばらく沈黙が続きます。すると、突然先生が「今度二人で食事しよう」と執拗にデートに誘うようになりました。

部活の練習ではわかりやすい説明で、実技指導が上手です。とても楽しいのですが、帰りの車内で二人きりになると怖いという状況が続いて、先生に送ってもらうのが嫌になりました。二人きりになると息苦しくなり、精神的に苦痛を感じています。みんなと部活をするのは楽しいのですが、先生とは一緒に活動するのが嫌になりました。

二人きりの車内など、密室の環境ではセクハラが起こる可能性が高いです。もし車内で二人きりになることがある場合は、生徒に後部座席に座ってもらうようにしてください。

●卑猥な画像を見せないで

生徒の体を触る、性的な発言をするというだけではなく、卑猥な画像を見せるのもセクハラに該当します。例えば、週刊誌のヌード写真を開いて目立つように机に置いたり、卑猥な写真カレンダーを壁に貼ったり、パソコンの壁紙やスマホの待ち受け画面に卑猥な画像を使うなどです。最近ではアニメキャラクターのセクシーなフィギュアが机に置かれていることなどを気にする生徒もいます。

公私混同してマナーに欠ける行為ですね。それらを見て不愉快に感じる人はたくさんいます。学校関係者に限らず外部の人が見ることだってあります。どう思うでしょうか。学校内でそのような行為をすることは、生徒だけではなくて他の先生や職員の方も不快な思いをします。学業や部活で能力を発揮するのに重大な悪影響が生じてしまいます。

●安易に生徒の身体に触らない

生徒たちは練習の最後にストレッチやマッサージをして体のケアをします。とても大事なことです。この時間は体調のケアだけではなく、今日の練習を振り返る貴重な時間になっています。ところが、そこに男性の部活顧問が来て女子生徒に「今日の練習は動きがよくなかったな、疲れているだろう」と言って肩をもんでくる。また生徒同士でマッサージをしていると、先生が「俺の方が上手だぞ」

と言って、マッサージと称して体を触ってくる。

3年生はハッキリと断りますが、1、2年生は断りきれず気持ちが悪いのを我慢しています。下級生の生徒たちは先生に断ることができない、嫌われたくない、先生との関係を良好に維持したいという思いがあります。

指導者という立場を利用して執拗に体を触るといった、生徒が嫌がる行為が部活環境を不健全にしています。セクハラ行為で生徒とコミュニケーションすることは決して許されません。

●二人きりの体育職員室

〈事例18〉

この部があるのは強豪校で、全国大会の常連校です。今日も体育館ではこの部だけが練習しています。厳しい練習なので生徒たちは終わるとすぐに帰宅しますが、マネージャーは職員室の後片づけなどがあるため最後まで残っています。教師は二人きりになるとマネージャーの身体を触るなどセクハラ行為を続けています。次の日の練習では昨日は何もなかったかのように平気で練習をしています。

マネージャーがこのことを話せるようになったのは卒業して10年以上たってからで、ようやく同級生に打ち明けたそうです。

6.「セクハラ」のまとめ

セクシャルハラスメントについての問題や事件は、少しずつですが見え始めてきました。しかし、まだ表面化していない案件が多いと推測します。取材をしていると、その数年後に「実はセクハラ被害に遭っていた」と告白してくれた案件もありました。

図2－14　環境型セクシャルハラスメント

セクハラが起こる要因

先生と生徒の関係	学校環境	価値観
●優位性	●閉鎖性	●性差別
●継続性	●密室性	

被害者の環境が不快になり、日常生活に悪影響が生じる

●セクハラが起こる背景は3つ

1つ目は「閉鎖的な組織」で起こりやすいことです。その1つが学校です。外部との情報を制限していることが原因として挙げられます。例えば部活練習を見せない。寮にいる生徒は、外部との連絡や外出を制限される、など。私はこのような部活をたくさん見てきました。

2つ目は「優位性・継続性」です。優位的な立場を利用してセクハラ行為を強要してしまう。教師と生徒の関係性でも言えますね。部活の指導をしてくれる教師とは良好な関係を長く続けたいという思いで、生徒がセクハラ行為を受けても誰にも言えずに我慢をしてしまいます。

3つ目が「密室性」です。例えば二人きりの部屋です。遠征先のホテルの部屋、生徒が帰ったあとの教室や職員室。また、先生と二人きりの車内。このような状況をつくらないようにすることが重要です。道理によって物事を判断できる力、道徳意識を持ち続けることが重要だと思います。

この3つの視点から考えても、セクハラが起こるのは先生の行動が原因だと考えられます。先生の行動・発言を改善することがセクハラをなくすことにつながります。多くの事例では、被害に遭った生徒は日常生活に支障が出るなど、将来にまで悪影響を与えます。

部活が終わって生徒が帰ったあとに、片付けで残っているマネージャーが先生と二人きりになる体育教師室でセクハラを受け続けたという事例も紹介しましたが、絶対に許せることはありません。こうした行為は犯罪です。まずは先生側の行動変革が重要だと考えています。

3

ハラスメント対策の方程式

ハラスメントをなくすには、まず教師の〝自覚〟から

パワハラやセクハラの対策を、教師一人ひとりが実行することは最も重要です。しかしパワハラやセクハラが急激に減ることはありませんでした。現在も同じような事例のパワハラ事件が報道されているのが現実です。中には教師自身が行動を変えてハラスメントを減らした経験を持つ方はいます。しかし成功事例は他の教師と共有する機会がなく、教師が転勤や退職してしまうと、部活や学校の知見として残ることはほとんどありません。

弊社の、個人で参加できる「再発防止教員のハラスメント研修」「再発防止部活顧問のハラスメント研修」「スポーツ指導者のハラスメントセミナー」を受講される教師の中には、過去にパワハラ行為をしてしまい現在停職中ですとか、校長からパワハラの件で注意されて受講しましたという方がいます。話を聞くと、実はハラスメント行為をした自覚がない。ハラスメント行為とは何か、具体的に

どんな発言をしたらセクハラになるのか、どんな行動をしたらパワハラになるのか知らなかったといいます。パワハラやセクハラの知識がない教師が多いということです。

交通ルールを理解していなければ、クルマを運転して公道を走ることはできませんよね。例えば道路標識を理解していなければ、一方通行の道路へ進入したり、駐車禁止のところに自動車を停めたり、交通違反や事故を繰り返し起こしてしまいます。学校の部活動でも同様に、ハラスメントの知識がなければ「生徒を怖がらせる発言」「生徒の容姿を中傷するような言葉」などのパワハラや、部活に不適切な「下ネタ発言」「性的な魅力を褒める」などのセクハラ発言を繰り返してしまいます。これではハラスメントはなくならないでしょう。

先生一人ひとりが対策をすることが第一優先です。パワハラ・セクハラを早く見つけて小さいうちに解決して再発防止をすることで、生徒たちは安心・安全に部活動を続けられます。しかし、心身ともに健全な環境で過ごせる学校生活にするには、教師の行動だけでは限界があります。定期的に交通違反の取り締まりをしたり、交通安全キャンペーンをすることで違反の抑制になります。同様に、学校でも組織として教師の行動や発言を第三者がチェックする仕組みをつくることが必要だと考えています。あなたには組織のトップとして、ハラスメント全体を俯瞰して、ハラスメント対策の方程式を理解していただきたいと思います。

この章ではハラスメント対策について解決策を3つに分けてお話しします。

1．知識　先生一人ひとりがハラスメン

図3－1　ハラスメント対策の方程式

健全な部活環境

知識×仕組み×意思

トを理解し、防止対策の行動をすること。

2. 仕組み　学校、組織が仕組みとして対策に取り組むこと。

3. 意思　学校、組織のトップの意思や行動。

この3つを掛け合わせることがハラスメント対策になります。この方程式を実行して部活環境を健全にしていただきたいと考えています。

1. 知識

過去に学校や部活動で起きたハラスメント事例を参考にして、どのような行為がパワーハラスメント6項目の「身体的な攻撃」「精神的な攻撃」「人間関係からの切り離し」「過大な要求」「過小な要求」「個の侵害」になるのか。さらにセクシャルハラスメント2項目の「対価型セクシャルハラスメント」「環境型セクシャルハラスメント」になるのかを、事例を通して自分の行動や発言を振り返り、ハラスメント知識について理解を深めていきます。そして先生一人ひとりが行動を改善し防止対策に取り組むことが重要です。

パワーハラスメント6項目

・身体的な攻撃
・精神的な攻撃
・人間関係からの切り離し
・課題な要求をする
・過小な要求をする
・個の侵害

セクシャルハラスメント2項目

・対価型セクシャルハラスメント
・環境型セクシャルハラスメント

このパワハラ6項目、セクハラ2項目の事例は、第2章の「指導とハラスメント」で詳しく述べています。現在は、コロナや外部環境の変化で学校生活が変化しています。オンライン授業、部活指導者の外部委託や地域社会への移行、先生の働き方改革などです。過去にはなかった新しい事例が出てきています。

例えば、先生が保護者から受けているパワハラ事例や、授業で使うタブレット操作に慣れていなくて年下の先生からプレッシャーをかけられたり暴言を吐かれた事例などです。事例に加えてパワハラやセクハラが起こる背景、競技特性、先生の個性などの傾向を踏まえて知識を広げることが必要だと考えます。学校部活動の取材や他の業界の状況を分析して、新しい予防対策の情報を発信していきたいと思います。先生には様々な事例を通して自分の言動を振り返り、行動を変えるきっかけにしてほしいと考えています。

先生の行動変革については、次の４つのポイントを通してハラスメントを予防する行動に改善することが重要です。

①価値観の違いを認める
・先生の価値観を生徒に押しつけない
・生徒の個性を活かす
②失敗を受け入れる
・失敗の積み重ねが成功へつながる
・どうすればできるかを考える
③マネジメントと能力
・正しい目標設定になっていますか
・成長のプロセス
④コミュニケーション能力
・先生の傾聴姿勢が大事

学校の部活動だけではなく、日常の生活でも意識して行動することによって、自ら新しい習慣を得ることができます。この行動変革については第5章の「教師と部活顧問～考え方を変える5つのポイント」で詳しく解説します。

また、ハラスメントチェックシートを活用して教師の傾向を知ることで、過去の事例だけではなく、これから想定される教師のハラスメントリスクをなくすための対策を取ることができます。

2. 仕組み

教師がハラスメント予防対策をするだけでは限界があります。個人だけではなく組織として取り組むことが重要です。行為が発見されないと被害者のパフォーマンスは低下してしまい、行為をした教師は間違った指導を続けることになります。ハラスメントは起こり得るものです。早期に解決するための仕組みをつくることが必要です。

●ハラスメント対策部署の設立

ハラスメント対策部署は次の①～④の役割に分けられます。そしてこのサイクルを迅速に回すことが重要です。

①相談者から通報を受けた際の対応
②その行為がハラスメントに当たるか調査をする
③規定に基づき懲戒内容を決める
④ハラスメントの再発防止対策を実施する

①相談窓口

ハラスメント事案を解決する入口が「相談窓口」です。ハラスメント行為を受けた生徒、保護者、見た人、聞いた人が通報できるようにします。学校、教育委員会、スポーツ協会だけではなく、第三者機関の相談窓口に通報できる仕組みが理想です。通報が匿名であっても調査をする必要があります。この相談を受けた担当者は複数の世代、異性で構成します。また、相談者が希望する性別の人を選ぶことができるようにしてください。この相談窓口担当者の資質が大切です。担当者の対応によっては二次被害になることがあります。

聞き取り調査

相談者が不安になっている状況にあるため、冷静になって内容を整理しなければなりません。誰に、いつ、どこで、どのようなことをされたのか、行為の期間、他に被害を受けた人はいるか、現在の状況、行為者に対しての要望などを聞き取り調査します。

相談窓口担当者

守らなければいけないのは相談者、被害者、生徒です。勇気を出してメールや電話をした相談者の思いを理解しなければなりません。本当は相談したくなかったが、もう見かねて子供のため、友達のため、チームメートのために相談する。我慢の限界になり、切羽詰まった状況にあることを理解しなければなりません。

例えば次に挙げるように、相談者に対して感情的になったり、その場で主観的に断定したり、セカンドハラスメントになる言葉を使ったり、情報を漏洩したりすることに注意が必要です。

「どうしてもっと早く相談しなかったの」
（相談者を責める言葉）
「それはあなたが悪い、パワハラとは言えませんね」
（その場で断定してしまう）
「あの先生はそんなことをするはずがありません」
（相談者を説得する）
「そんなこと気にしないで、練習に集中したほうがいいよ」
（主観的にその場でアドバイスをする）

このような言い方や言葉、態度はセカンドハラスメントにつながります。相談者には絶対にやってはいけません。

②その行為がハラスメントに当たるか調査をする

調査に当たっては、行為者、第三者に聞き取りをすることについて相談者に承諾をもらい、調査を進めていきます。調査を受けた人は結論が出るまで情報を漏洩してはいけません。

③規定に基づき懲戒内容を決める

調査の結果、ハラスメントに当たらないと判断された場合は、その旨を相談者、行為者に報告と説明をします。また、ハラスメントと判断された場合は、規定に基づき処分や改善指導をします。生徒が部活動で健全な環境で練習できるように改善をしていきます。

④ハラスメントの再発防止対策を実施する

組織の方針や取り組みについて周知・啓発を実施します。職員会議など多くの先生が集まる会議の場や方針説明のために開いた会議などで周知したり、途中で状況説明などを行います。ハラスメント対策を明記したハンドブックを作成し、校内にポスターを貼るなどの啓発活動も行います。そして教育委員会からの指針説明、教師から出た問題点の解決や、他に状況に応じた対策が追加になることもあります。

●アンケート調査

アンケート調査で現状の問題点を知ることができます。また、限定的に一部の範囲では知られていた潜在的な問題や小さな変化などを「見える化」できるのがメリットです。例えば弊社が実施した学校のハラスメントアンケート調査では、「パワハラ問題がある」「どちらかというと問題がある」は約30％に上りました。「セクハラ問題がある」「どちらかというと問題がある」は約10％です。傾向としては役職が高い階層ほどこの数字が低くなっています。このアンケート調査は定期的に実施することが重要だと考えています。学校の管理、先生の移動や社会情勢の変化で問題が多様化します。定期的に実施することで早期発見、早期解決になると確信します。

●ハラスメントチェックシート

弊社で推奨しているハラスメントチェックシートは、自分では気づいていない

(ハラスメントチェックシート)

部活名： **対象者：**

言動・容態の項目　あてはまる項目を○印

脅迫（危害を加えることをほのめかし、相手を怖がらせる言葉）
屈辱的な発言（相手の品格を否定する言葉）
ひどい暴言（悪口、乱暴な言葉、容姿を中傷するような言葉）
暴力（直接叩く､用具で叩く、叩くふりをする）
無視（仲間外し、隔離）、無理な要求、レベルの低い要求
プライベートを執拗に聞く
セクハラ発言（性的な質問、噂話を広げる、下ネタ発言）
性的な魅力を褒める（容姿や服装をいじる発言）
身体に触る、卑猥な画像を見せる

褒める（マイナスのニュアンスがない）
注意や叱る（感情を抑えている、具体的に指示している）
相手を尊重している（傾聴姿勢）
指示（具体的な数字を入れている、期待を伝えている、肯定形）

言動・容態の項目	**言動・容態の内容**
場所、公然性	
回数	
継続時間	
口調	
声の大きさ	

チェック者： **日時：**

言動・容態の内容

ハラスメント行動を第三者の目で知ることができます。また、他の先生のよいところや参考になる行動を自分に取り入れて行動の改善に資することを目的にしています。このハラスメントチェックシートについては第6章で詳しくお話しします。

●研修

「研修内容」

ハラスメントが起きたらどうなるか
パワーハラスメントを理解する
セクシャルハラスメントを理解する
ハラスメントに気をつける発言、行動
ハラスメント行動の改善点
ハラスメントチェックシートの活用
アカデミックハラスメントを理解する
ハラスメントの相談を受けたときの対応

組織で取り組むハラスメント対策

これらの内容を組み合わせて①一般教職員、②管理職、③再発防止、④部活顧問の４種類の中から、先生の状況に合わせて受講するのがよいでしょう。以下、簡単にご紹介しておきます。

①教師のハラスメント研修

一般教師向けのハラスメントの基礎編です。もしかしたらパワハラやセクハラ行為をしているかもしれない、生徒とのコミュニケーションに不安がある、何がパワハラ発言や行動なのかがよくわからない。このような課題を解決すべく、事例を通してハラスメント知識の理解を深める内容です。

パワハラ・セクハラ行為の要因を理解してハラスメント防止になる言動を実践できるようになり、生徒とのコミュニケーションスキルが向上するなどの効果が得られます。

②学校のハラスメント対策研修（管理職以上対象）

役職が管理職以上を対象としています。組織としてハラスメント防止対策のためのルールや仕組みをタイムスケジュールに沿ってつくり上げていくことや、生徒、教師、保護者からハラスメント相談を受けたときの対応について解説します。

③再発防止・教師の個別ハラスメント研修

研修の受講人数は１人から４人までの個別対応になります。ハラスメントの知識を理解してハラスメント行為をした要因を振り返り、再発防止対策を明確にする内容です。弊社の研修では50歳代の教師が多く受講しています。

④部活顧問のハラスメント研修

部活で起こっているパワハラやセクハラの事例を紹介して、防止対策の理解を深める内容です。遠征や合宿で注意をすべき行動や、セクハラが起こりやすい環境をつくらないためのポイント、先生自身が気づいていないハラスメント行動を改善するための「ハラスメントチェックシート」の活用方法などをお話しします。

3. 意思

教師のハラスメント知識と、組織が取り組む仕組み、そして学校トップの意思表明を掛け合わせることがとても重要です。校長や学長が「ハラスメントは許さない」という意思表明をすることで、多くの教師、生徒、保護者の皆さんは心強く思い、安心することでしょう。そしてリーダーとしての行動が求められます。これは社会性の高い学校の社会的責任だと考えます。

表明の中に以下に挙げるメッセージ要素を入れるのが望ましいと考えます。

・ハラスメントは重要な問題である
・ハラスメント行為は許さない、見過ごさない、しない、させない、放置しない
・学校として、ハラスメント対策に取り組む
・ハラスメントがあったら相談を
・相談者等に不利益な取り扱いをしない

・相談者等のプライバシーは守る
・今年度、重点的にハラスメント対策に取り組む
・教師の意識向上を求める
（厚生労働省「パワーハラスメント対策導入マニュアル」参照）

私はこの意思表明は、トップ自らが関与して解決に取り組む、リーダーとしての強い決意だと感じます。現場が対応しているからといって教師任せにしない。意思表明は重いと考えます。

いつ、誰に、どのようにして意思を伝えたらよいのかは、大きく分類すると次にあげる3つの方法があります。また、教師、生徒、保護者など他のステークホルダーにも伝えるとよいと考えます。

1つ目は先生と生徒に向けて伝える全校朝礼、それに保護者も含めた新学期・入学式、そして職員会議で直接伝えることです。口頭で伝えると記憶に残るのは短い期間ですが、直接校長や理事長の思いが伝わるのと、モチベーションや責任

感、行動に移すきっかけになり、とても印象に残ります。

2つ目は文書でも伝えることです。文書を読むことで頭の中が整理されて記憶に残りやすく、保存もできます。

3つ目は学校のホームページに掲載することで、社会的責任が明確になります。

校長や理事長、組織の上層部が、多くの人に向けて「ハラスメントは許さない」という意思を伝えることで、行動変革する人が増えていき、健全な学校生活環境が保たれるようになってほしいと願います。繰り返しになりますが、知識・仕組み・意思の3つを実行することで、ハラスメントの予防・減少につながると確信します。

女子高生が思う部活改善点

私が高校生の頃は、部活の伝統などにはブラックなルールがたくさんありました。当時の常識は今の非常識ですね。ブラック部活といわれても仕方がありません。例えば、汗をかいて体が水分を必要としても、練習中の水分補給は休憩のときだけでした。みんなイライラしながら練習をしていました。一番嫌だったのが1日の反省ミーティングでした。練習後に部室で30分以上、練習中のミスや態度のことなど、その日の反省ミーティングをするのです。ミスが多い日は正座をさせられていました。私たちが3年生になってから反省ミーティングは減らし、正座はやめました。こんなブラックなルールは今ではほとんど聞かれなくなりました。

現在の生徒は部活動でどんな問題や要望を持っているのかを取材しましたので、紹介したいと思います。この部活は東北地方にある高校女子です。競技や地域特性があるので、これは1つの事例としてお話しします。傾向としてこのような課題は高校女子で存在すると想定されます。

この学校では、人間関係での問題はほとんどありませんでした。県内では強豪校に位置づけられている部活の影響でしょうか、先生の指導方法に対する要望はありませんでした。また部活内でのいじめなど人間関係に関する問題もなく、大多数の要望が練習環境の改善です。生徒個人の優先順位は違いますが、学年ごとに問題は共有されているようです。

しかし、生徒が理想とするような練習環境ではありません。練習のコンディションは季節ごとに変わります。体育館は、夏は暑くて練習が息苦しい。冷房がないので窓を開けて風通しをよくすることで対策を講じています。しかし体育館の2階の窓を開けるにはハシゴを登らなくてはならず、危険で怖い。日差しがまぶしいので暗幕カーテンを閉めますが、破れやすくて光が入ってくる。逆に冬は寒くて体が思うように動かない。梅雨の時期は湿気で体育館の床が滑るので、掃除用のモップを増やしてほしいと言います。

　体育館に冷暖房の設備を完備するには膨大な費用がかかります。現状はできる範囲の対応をする他ありません。このような練習環境の改善を望む声が8割を占めています。他には体育館の近くにトイレが欲しい、シャワーの出が悪い、合宿所の使い勝手が悪いなど、要望はあれども設備は容易に改善できません。

　私が思うに、消耗品の掃除道具や暗幕、ハシゴなどは、使用する生徒の意見を尊重してほしいと思います。改善に時間がかかると思いますが、教師が生徒の意見を学校に伝え交渉することは、部活を安全に、そしてよい環境にするための部活運営の一環だと考えます。ぜひ、計画的に改善を進めてほしいと願います。

4

保護者への情報公開と説明

――保護者対応としての情報公開とクレーム問題

子供の部活動も気にする保護者

保護者の皆さんは子供の将来についていろいろと考えています。具体的に理想像を思い描いている保護者は多いですね。例えば、プロ野球の○○選手のように活躍してほしい。タレントの○○さんのように好感度の高い人になってほしい。公務員になって安定した生活を送れるように真面目に勉強して大学に進学してほしいなど、口には出しませんが思っている保護者はたくさんいます。

学校では日々いろんなことが起こっています。楽しかったこと、部活で思いどおりにいかなかったことなど、生徒は学校での出来事を詳しくすべて保護者に話すわけではありません。私も高校生の頃はそうでした。部活動のことも同様です。そして保護者のほとんどは子供のことをとても気にしています。

学校生活は楽しく過ごせているのだろうか？　学業は遅れていないか？　いじめられていないだろうか？　また、部活動ではどんな練習をしているのだろうか？

友達と楽しく練習しているのか？　記録が伸びているのだろうか？　協調性があるのだろうか？　活躍できるかな？　レギュラーになってほしい。大会に出ると言っていたけど結果はどうなの？　希望の学校へ進学できるだろうか？

他にも知りたいことはたくさんあります。すべてではなくても、部活動に保護者の方が関わることについては先生と生徒も共有することが望ましいと思います。そして生徒の課題にみんなで取り組み、解決できたらよいですね。

保護者から部活顧問の先生に、具体的にどのような要望やクレームが来ているかを取材しました。対応できたこと、その結果、保護者との関係性がどうなったかを紹介したいと思います。取材対象は部活の指導歴10年から20年以上と幅広く、全国大会へ出場した実績がある部活の顧問もいます。

保護者は、子供がどのように部活動をしているか知りたがっています。部活運営の情報を外部に向けて閉ざすのではなく、例えば次のような内容について積極的に開示することが重要だと考えます。

・部の方針
・スケジュール
・練習開始時間、終了時間
・遠征スケジュール
・生徒の状況
・費用

こういった内容を生徒や保護者と共有することで、保護者の部活への理解が深まり、先生への信頼は増していきます。費用やスケジュールは事前に保護者へ報告する。部の方針やスケジュールについては定期的に保護者へ情報を発信してほしいと思います。

保護者からの要望の例を5つご紹介します。

〈要望1〉

多くの保護者から言われた言葉が、「子供は3年生になったので今年も県大会で優勝してほしい」「勝利してほしい」そして**「全国大会に出場させてください」**、というもの。

主な理由は次のようなものです。

・3年生最後の大会は全国大会へ行きたい
・負けるのが嫌い
・スポーツ推薦で大学に進学したい
・就職が有利だから

こうした言葉は特に3年生の保護者から言われることが多いようです。この部活は全国大会へ出場して勝ち進み、ベスト8に入ることを目標にしています。先生は常日頃から「今年も全国大会へ行くぞ」と言っているので、保護者の希望と先生の目標は一致しています。

しかし、県大会連続優勝や全国大会へ出場して上位入賞するのは、口で言うほど簡単ではありません。いつもの練習どおりに大会ではプレーできなかったり、怪我をしたりすることもあります。また、生徒のコンディションを大会に合わせてピークに持っていくのは大変です。組み合わせは抽選ですから、苦手な学校と当たったりすることもあります。実は私も、高校3年生の春季大会では10数年続いた県内の連勝記録を止めてしまった苦い経験があります。

高校を卒業して大学へ進学する、企業へ就職する、公務員になる。そしてもっとレベルの高いステージで競技を続けたいと思っているのは、生徒だけではなく保護者も同じです。先生は生徒の希望がかなうように、部活での課題、生徒一人ひとりの課題を明確にして取り組みます。そして生徒の自己実現に向けてできる限りサポートしています。

先生は目標に向けて生徒の能力を向上させるために様々な取り組みをしています。実践を積ませるために、練習試合は県外へ遠征して強豪校と対戦。また、大学生と定期的に合同練習をするようにもしています。週末に練習試合を組みたくても、1週間や2週間前に申し込んでいては相手の学校もスケジュール調整は無理でしょう。せめて1カ月前には申し込まなければいけません。さらに、より多くの学校と試合を組んで、短期間で実戦を積めるようにしています。

また、生徒だけではなく先生も指導方法や練習方法などを学んでいるようです。ルール変更もあります。プロ選手や有名選手が実践して効果を上げているプレーや練習方法、また指導方法も改善してチームをアップデートする必要もあります。

現在はどこにいてもインターネットで情報を検索・習得できますので、先生の取り組み次第で生徒へ最新の技術指導などができます。生徒のモチベーションも上がるので、情報収集能力次第で大会の成績が変わると考えられます。先生の経験で指導するだけではなく、科学的な根拠に基づいた練習方法、他競技から取り入れた練習方法など、参考になることは多いです。例えば指導者講習会に参加して新しい技術や戦術の習得をする。有名な指導者の講演会に参加してノウハウを聴くなどです。それを実践した結果、目標の全国大会には連続で出場できたそうです。

〈要望2〉
自分の子供をレギュラーにしたい。これはかなり難題です。簡単に「はい、わかりました」「あなたの子供は無理です」とは返事できないと、先生は言っています。ですが、教師経験の浅い先生は保護者の圧力に押されてその場で即答することがあります。しかもどっちともとれる返事になりがちで、保護者は都合よく解釈してしまう。それでは保護者との間でトラブルになってしまいますね。

部のルールとして決めておくことが大事です。学校、生徒、保護者と共有しておきたいものです。

・限られた生徒だけをえこひいきできない
・チームの戦術に保護者は介入できない
・レギュラーと何らかのバーターをしてはいけない

保護者からの要望だからといって、「はいわかりました」と一部の生徒を特別扱いしてレギュラーにさせることはさすがにできませんよね。レギュラーはチームの状況、生徒の日々の努力の積み重ねの結果です。先生は「日頃の練習の取り組みや生活態度、能力などを総合的に判断するので、スタッフに任せてほしい」とはっきり伝えることです。

また、ある学校では保護者の練習見学をすすめているそうです。とてもよいことだと思います。保護者が直接生徒の練習や他の生徒と比較できるので、現状ではレギュラーになることは厳しいと感じることもあるそうです。もちろん、保護者へは丁寧に対応することが大切です。

他に、先生は部活の方針として、スポーツを通して生活態度の指導もしています。保護者からは「子供の責任感が強くなった」「礼儀正しくなりよい変化が見られる」など、信頼が増えたという声が上がっています。レギュラーの選出はもちろん先生に一任しています。また、保護者と生徒のコミュニケーションが増えたとも聞いています。

1年生が団体戦のメンバーになったことがありました。いろんな競技で後輩がレギュラーになることはありますが、このときは大変でした。2年生の保護者から「どうしてうちの子供をメンバーから外すんですか？　納得できません」というクレームです。メンバーの選出について説明したのですが、納得してもらえませんでした。2年生の保護者会のリーダー的な立場にいた保護者です。同学年の保護者を巻き込んで、一緒に教師を無視するようになってしまいました。

新学期には必ず保護者の方に部活の方針を伝えるようにしていますが、保護者や教師の私心、私欲が入ることで一部の関係者が得をすることがあれば、部活の平等性に関わることになります。

〈要望3〉

保護者が支払いをする費用について、事前に会計の提示をしてほしいと言われるようです。保護者の皆さんはこのように思っていました。

・費用の負担が大きい
・商品代金がちょっと高すぎる
・急に請求されても困る
・計画的に支払いたい

部活の運営で費用の透明性は重要だと思います。1年間で支出する費用が事前にわかっていれば、その費用を計画的に準備することができます。この費用は家庭において教育費の一部です。優先順位が高く、支払いのときにお金が足りないとなれば子供には言い訳しづらいと思います。支払う費用としては、大会会場に行くときに着用するトレーニングウエア、ウィンドブレーカーなどのウエア類、シューズやバッグ代、部費、遠征費などの交通費、宿泊費、食事代、合宿費など。これらを事前に提示することで、特に1年生の保護者はとても助かります。

現在では1年間の費用計画、そして年度末には会計の内容を提示しているそうです。この会計表を一度作成すれば、次年度からはこれを参考にして保護者の皆さんに提示できますよね。

事前に費用計画を保護者に提示することで部費、遠征費などの徴収が早くなり、会計がスムーズになったようです。また、お金に関して透明性が出て、先生への信頼度が高くなりました。

生徒から集金した物品購入のお金を教師が使い込むという事例がありました。部活で必要な用具を購入するために集めたお金を私用に使ってしまった教師もいました。そうなると、業者が商品を納品して数カ月たっても先生から集金できない、学校に掛け合ってもどうにもできない。また、支払いが長期返済になってしまったり、教師の定期移動で回収が途絶えたり……。これでは犯罪になってしまいます。

つまり、会計を明確にすることはとても重要なのですが、私が聞く限りでは会計については苦手な先生が多いようです。しかしお金の管理、マネジメントは部活運営では重要なことですので、部活内には1人は会計管理ができる先生が必要だと思います。最近では、先生はお金に触らず、業者の方が直接販売と集金をするようになったと聞きます。

〈要望4〉

「先生、もっとウチの子供の面倒を見てくれませんか」

この「子供の面倒を見てほしい」という言葉には、保護者の本音や背景としてどんなことがあるのでしょうか。多くの保護者の気持ちは、子供にもっと積極的になってほしい、子供の可能性を見つけてほしい、レギュラーになれなくても3年間続けてほしい、子供が心配、などです。

先生は生徒一人ひとりと向き合ってコミュニケーションを取る。決して一方通行の会話ではなく、傾聴する姿勢を持って生徒と接する。生徒と連絡ノートを交換してお互いの考えを理解し合うことをしている先生もいます。部員数30名ぐらいの規模では、生徒と先生の間で意思疎通ができている部活は多いと思います。

同じ部活でも、多くの個人種目の競技では協会に登録していれば大会に参加できますので、チーム競技に比べると多くの生徒が高校総体の地区予選などの大会に出場することができます。

チーム競技だとそうはいきません。チーム内で競争があります。下級生が新レギュラーになって上級生がレギュラーから外れてしまうと、その上級生が退部してしまうという事態も起こり得ます。

多くの先生は生徒たちに平等に接しています。最近元気がないな、後輩ができて自立してきたな、などと生徒の変化には気をつけています。特定の生徒だけ特別扱いはできません。「もっとウチの子供の面倒を見てくれませんか」と言われたら、保護者には丁寧に部の方針、先生の考えを説明するようにしています。基本的にはご理解をいただけるようです。

もし、保護者に言われてその生徒を集中的に指導したとしたらどうでしょう。他の生徒はえこひいきをしていると感じて、いじめの要因になりかねません。また、保護者からの要望もさらにエスカレートすると想定されます。

過去に、保護者の要望どおりその生徒に対してコミュニケーションや練習の指導を少し多くするようにしたことがあったそうです。生徒たちは当然気がつきますよね。えこひいきしていると感じた他の生徒が数人退部したそうです。そんな経験をしたので、新入生が入部すると、保護者説明会で部活の方針を伝えるようにしています。

〈要望5〉

子供の心配ごと、進路について、**先生と話がしたいので飲み会をしてほしい**という要望が保護者からありました。

個別の案件についての相談はお受けしてもよいと思います。しかし、学校生活に関わることですので、場所は学校にすべきだと思います。夜、お酒を飲みながら相談されるのは環境的にどうかと思います。例えばお母さんと二人きりでお酒を飲みながら話している。そんな場面を誰かに見られてＳＮＳに投稿されてしまえば、これは誤解を生む可能性があり、リスクが高いと思います。

保護者の皆さんは先生とコミュニケーションをもっと取りたい、お酒を飲みながら話すことで本音が聞きたい、部活や先生の役に立ちたい、などと思っているようです。先生としては、飲み会はよいのですが、しょっちゅう誘われるのはちょっと困ります。保護者の方は年上の人が多いので、何かと気を遣います。周りの目が気になることもあります。過去に保護者と居酒屋で飲んでいたら、違う保護者から絡まれたこともあったとか。このような理由でお断りすることが多いようです。

しかし、部活の運営において、保護者とのコミュニケーションは大事です。いろんな情報を保護者と共有できますし、部活運営に協力してくれます。飲み会は、回数など程度の問題はあると思いますが、条件としては夜は10時まで、一次会だけ、会計は割り勘、限られた保護者だけが参加する飲み会にならないようにしてもらう。お酒を飲むと気が大きくなるので無理なお願いは受けないようにする。相談は部活動のことや生徒に関わる範囲内の相談がよいと思います。くれぐれも、後日、言った言わない、のトラブルにならないようにしないといけませんね。

●予定や時間に関すること

1年生の保護者が子供に聞いてみたそうです
保護者……「夏休みは県外遠征とかあるの？」
生徒………「今年もあると思うけど、どこに行くかはわからない」
保護者……「先生は何も言わないの？」
生徒………「この大会が終わらないと何とも言えないよ」

先生としては、高校総体が終わらないと計画が立てられない。それは今年に限ったことではなく、そのとおりだと思います。「毎年のことだからわかるでしょう」「生徒に伝えている」「こういう指導方法だから」と言う先生がいますが、特に1年生の保護者の皆さんは気がかりでしょう。

生徒を通してのコミュニケーションは大切ですが、現在ではスマホのアプリなどで先生から直接情報を発信することもできます。また、SNSを利用してコミュニケーションをやり取りするのもよいと思います。なるべくコミュニケーションは多くしてお互い考えの乖離は埋めたいですし、スピードを持って対応するようにしたいですね。

県外遠征はまだ先のことですが、それでも気になりますね。2泊3日なのか、3泊4日なのか、場所はどこかなど、保護者としては家族の予定や費用の件もあって大体の予定は知りたいものです。計画性を持ってスケジュールを共有することは大事です。先生の頭の中では思い描いていても、伝えきれていないと「先生は段取りがないね」「目先のことしか考えていないのかしら」「スケジュール管理ができていない」といったネガティブなイメージを持たれます。
こうしたケースでは、大枠については生徒に伝えておくのがよいと思います。3泊4日で東北地方の学校に行く、宿泊は学校の合宿所、移動は学校のバスを使う予定。去年は東北地方の学校へ行って生徒1人あたり○○円集めたので、今年もだいたいそれぐらいの予定、など、保護者は大体のめどが立つので安心すると思います。

練習時間の件でも言われることがあるようです。大会が近いので仕方ありませんが、練習が終わるのが遅い、終わる時間がわからない、せめて終了時間は決めてほしい。子供には言えませんが、毎日の夕食の支度が大変。また子供の送迎では学校や駅での待ち時間が長くなってしまい予定が立てられない。
多くの保護者から改善してほしいとの要望が出ています。

コミュニケーションを取ってお互いに具体的に伝えることで、誤解を招きにくくなると思います。練習時間が遅くなるといっても、この遅くなるは人それぞれによって思っている時間が違います。具体的に7時に終わりますとか、8時までには終わりますと伝えることでトラブルを防ぐことができます。車内でただ待っているよりも、練習風景を見学して待ってもらうのもよいと思います。練習時間や練習内容をオープンにしてはどうでしょうか。

●費用に関すること

部活ではいろんな出費が生じます。保護者からは、費用についての要望は多いのですが、お金に関することは公然とは言いづらいのが現状でしょう。費用は競技によって違いはありますが、保護者の思いはおおむね共通しています。適正価格であってほしいですし、緊急な出費は避けたいものです。

保護者の多くがこのように思っています。

・出費が多くて予想外です
・一般的な価格なのでしょうか
・支払い方法は選択できますか

・早く報告してほしかった

部活動での出費の内容を先生に取材してまとめてみました。おおむね多くの部活で共通していると思われる内容です。

まずは入部した1年生のときに初期費用もあって出費が多くなりがちです。例えば大会や遠征、移動時部員全員が着用するウエア。部活名や個人名をマーキングしているトレーニングウエアやウィンドブレーカー、スエット、ポロシャツ、Tシャツ。それに移動用シューズやバッグなどです。競技や部の方針などで異なりますが、5万円から20万円程度です。

意外に多いのが消耗品です。個人で使う練習ウエア、シューズ、ラケット、武道用具。また、野球グラブや陸上スパイクはポジション、種目が変わると買い替える必要があります。現在は生徒の体づくりのためのサプリメントは必須となっています。宿泊を伴う遠征は1年間に数回あり、費用は主に交通費、宿泊費、食事代などです。また、保護者が大会の応援で同行することもあるので、その費用も加算されます。

物品の購入や遠征費などは、なるべく希望する範囲で安価に抑えるようにしています。ネットでリサーチをする、知り合いから紹介してもらうなど、部活の運営には十分に努力しています。卒業生からの寄付を遠征費などに充てたりしていますが、それでも部活運営で費用が足りなくなる。急に道具が必要になったり、遠方への遠征費が必要になったりした場合、先生が自腹で支払うこともありますし、立て替えて支払うこともあります。

先生は練習以外の負担が多くなり、部活運営を効率化するために保護者の要望を受けて改善をしました。例えば、新入生の保護者には部活で必要な購入リストを提示し、商品の引き渡し、支払いは保護者と業者間で対応するように変更しました。これにより先生の回収にかかる負担がなくなったそうで、加えて費用の徴収が漏れなく期限までにできるようになったようです。

次に1年間の大会と遠征スケジュール、そして年間の概算で費用を共有するようにしました。保護者は費用の準備や家族のスケジュールの計画をしやすくなったそうです。交通手段は安価に抑えるなどして、情報公開は早く明確にするようにしているようです。それからは費用に対する苦情はなくなりました。また、保護者から遠征先のホテルなどの情報を提供してもらうなど、協力してくれる保護者が増えたそうです。

●生徒のいじめ

先生は、いじめについて調査をすることが重要だと考えています。いじめは、部活、学校生活、寮生活など様々な場面で起こり得ます。いじめの噂や兆候があるようでしたら、早期の対応をするようにしているそうです。それも、部活内だけで対応するのではなく、生活指導課の専門的な立場の先生からのアドバイスを受けるなどして、学校と一緒に解決するようにしているそうです。この「いじめ」については、取材を通して詳細は他の機会に述べたいと考えています。今回はここまでとさせていただきます。

保護者は様々な苦情、不満、要望、クレーム、改善依頼だけではなく、時には強く要求してくることがあります。その中には部活の運営で改善しなければならない案件がたくさんあると思われます。また、同じことを毎年言われている場合は、事前に保護者に報告して内容を共有し、解決することができます。

実際に取り組んでいる先生は少なくありません。例えば大会の2週間前になると練習時間が長くなり何時に帰宅するのか心配している。そこで最近では、先生からのSNSで練習のスケジュールを共有しているので、心配なく夕食の準備ができるようになりました。

このような保護者からの「クレームは宝の山」と考え、部活環境を改善するためのヒントになると捉えることができると考えます。あなたはこのクレームをどう感じますか。耳障りなことは聞きたくない、あるいは時間がないから仕方がないと感じますか。それとも冷静に考えて生徒や保護者の思いに寄り添えるでしょうか。

保護者からの悩み、不満や要望で多いのは、「予定・時間」「費用」「いじめ」の3点に集約されているようです。課題の緊急性・重要性、また短期で解決できることや長期で取り組む課題などの違いはありますが、優先順位を決めて解決することが望ましいと考えます。事態が悪くならないために、早く、そして小さいうちに対策をすることだと考えます。

5

教師と部活顧問〜考え方を変える5つのポイント

——総合的なまとめとして

ハラスメントを改善するポイント

この章ではハラスメント行動の改善について次の5つのポイントに絞ってお話ししたいと思います。

①先生の価値観を押しつけない
②生徒は失敗から学ぶことが多い
③部活運営のマネジメント
④生徒とのコミュニケーション
⑤チェックシートでハラスメント言動を改善

これは、部活動の場面だけの改善点ではなく、学校生活や日常の行動においても共通するところが多いポイントだと思います。無意識にしている発言や行動がハラスメントになり得る行為になっていないか。それを自分自身が意識をする、また先生同士で意識し合うことが重要です。

例えば、友人と外食をする際にどこに行こうか迷ったとします。和食にしようか、それともイタリアンか中華かと、いつも自分が行きたいお店を優先して、友人のことは後回しにしていませんか。自分のことばかりを優先していると友人からの誘いが減ってしまいますよ。

また、家族で出かけるとき、出発前にイライラすることはありませんか。自分は準備ができたから早く行きたいけど、奥さんは洗濯や食器洗いなど、出発まで時間がかかります。出発時間を具体的に共有してみんなで楽しく時間どおりに家を出るために、あなたが子供や奥さんのサポートをしてタイムマネジメントをしてみてください。

このように時間管理や作業の分担を指示するなど、今回は一部の紹介だけですが、日常と部活動では共通するマネジメントはたくさんあります。しかし学校だと、先生の部活での行動についてアドバイスや指摘をしてくれる人はほとんどいませんよね。

先生の行動を改善するためには、組織として対応することが重要です。チェックシートでハラスメント言動を診断してもらえば、先生自身が気づいていない行動や言動の傾向を第三者の視点を通して知ることができます。そこで発言や行動の問題点が見えてきます。悪い点だけを見つけるのではなく、いろんな世代、異性の先生たちのよい発言や行動を参考にして取り入れることができます。これを定期的にチェックして変化や改善の進捗を確認してください。

このように継続することでハラスメント事件につながるグレーな行為を止めることができますし、防止対策になります。大切なのは生徒が主役だということです。生徒の部活環境を健全にするためにも、ハラスメント行動の改善ポイントを理解し、組織として実践してほしいと考えています。

以下で、5つの改善ポイントを詳しく説明していきます。

①先生の価値観を押しつけない

生徒に思いどおりに動いてもらうことはとても大変です。例えば、犬を飼っていた人はわかると思います。私が子供の頃、家では犬を飼っていました。私が散歩に連れていく、というよりは私が犬に引っ張られていて、とても大変でした。ましてや人を動かすのはもっと難しいですよね。学校生活でも一緒です。生徒はしっかりと意思を持っていて、先生の思いを理解し納得しないと動いてくれません。

あなたは、次のような思考になっていませんか

・この競技は先生のほうが経験が長いので、すべて「私が正しい」
・私はできたので、あなたもできる
・先生の考えが基準

自分以外は信じていない。他人の意見は聞き入れない。このような価値観で生徒に指導していると、部活でのトラブル、ハラスメントが起こってしまいます。

例えば、「どうして同じことを何度も言わせるの」「何も言わなくていいから、

言われたとおり動きなさい」「早くやりなさい」と、感情的になって生徒の意見を受け入れない。生徒の意見を全否定してしまう。先生の考えがすべて正しいのでしょうか。

何でも勝ち負けで物事を判断する傾向が強すぎて、生徒の現状能力では到底無理な目標を設定し、過大な練習をさせ精神論を振りかざし、強気一辺倒になっていませんか。

先生が中学・高校生の頃にできたことを、今の生徒が必ずできるとは限りません。自分を基準に判断しすぎないことです。また、先生の好き

図５－１　価値観の違いを認める

私が正しい
●全否定
●生徒の意見を受け入れない
●感情的になる
私はできた
●強気
●無理な目標
●精神論を出す
先生が基準
●人権無視
●上からの目線で命令
●人によって態度を変える

嫌いで生徒たちに接する態度を変えていませんか。生徒はそれぞれ個性が違います。生活環境の違い、成長期の違い、趣味嗜好の違いなど、あって当たり前です。チームの現状や生徒に合わせた目標を設定し、それを生徒が理解できる説明をしてください。

例えば、生徒の課題を解決できる練習方法になっているでしょうか。この練習をすると生徒の能力や成長についてどんな利点があるのかを説明し、理解してもらうことが重要です。先生が生徒に頭ごなしに指示しても、一度は行動するかもしれませ

図５－２　人の価値観は多様

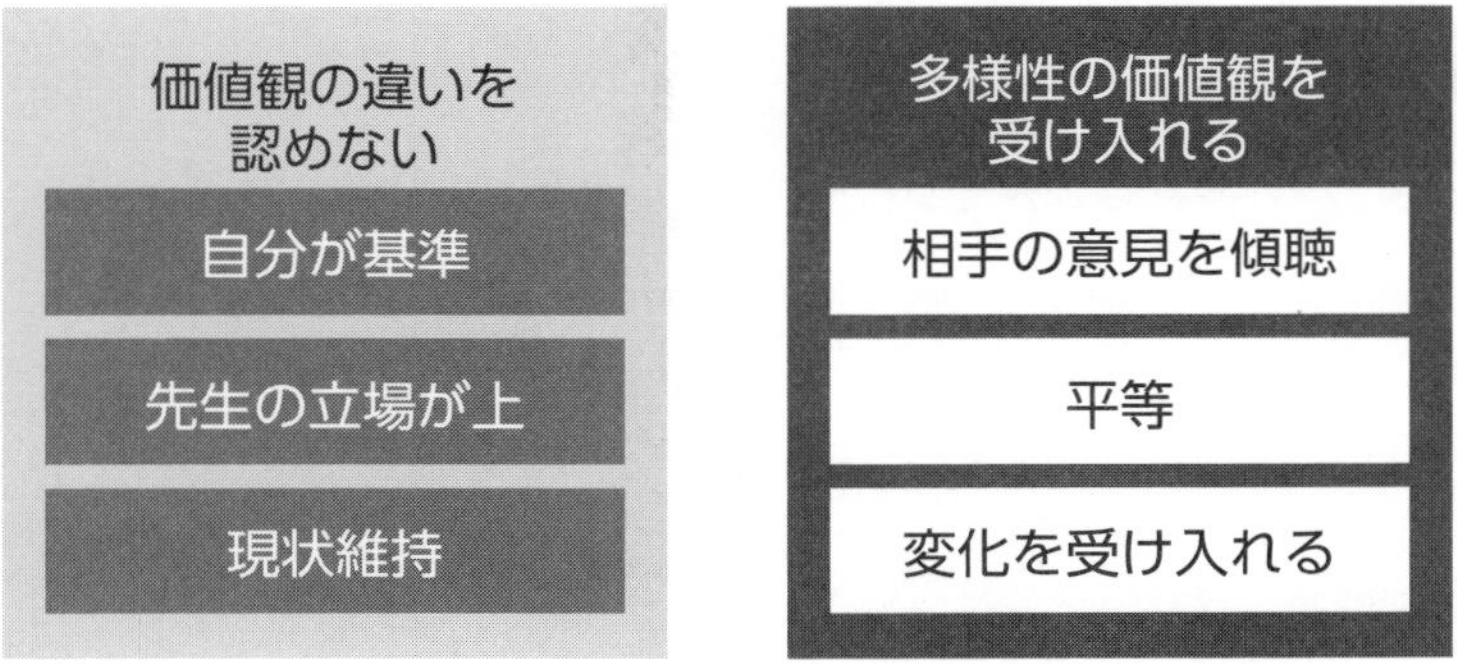
価値観の違いを
認めない
自分が基準
先生の立場が上
現状維持
多様性の価値観を
受け入れる
相手の意見を傾聴
平等
変化を受け入れる

んが継続はしません。目標を達成するためにはどんな手段を使ってもよいわけではありません。先生という職務上の優位性を利用して、無理に押しつけていませんか。

生徒の価値観は多様です。個々に優先している考え方や行動は多様化しています。先生の意見ばかり主張するのではなく、生徒の意見を傾聴してください。どうしてこんなことを言うのだろうか、理由は何なのだろうかと、聞きながらその背景をひもといて生徒の考えに近づいてみてください。先生の立場が上だからといって判断基準を好き嫌いで決めないでください。生徒には平等に接することが大事です。先生が自ら部活運営を改善していくのはとても大変だと思います。しかし、生徒が健全な環境で部活に参加できることが重要です。少しずつで構いませんので、変化を受け入れてほしいと考えます。

②生徒は失敗から学ぶことが多い

「失敗は成功のもと」といいます。まさにそのとおりだと思います。

過去を振り返ってみてください。あなたは中学・高校生の頃、何度失敗したでしょうか。失敗の積み重ねが成功へつながると確信しています。

中学生のとき野球部だった先生は、守備練習でゴロはうまく捕球できていました。しかし一塁への送球は悪送球。捕球することに集中しすぎて、送球では気が緩んでしまうようでした。今度は送球することに集中してボールを後ろにそらしてしまい、エラーになることがしばしばあったそうです。

高校生のときサッカー部だった先生は、お母さんに試合で使うユニフォームを洗濯してもらい意気揚々として会場に向かいました。ロッカールームで着替えようとしたら、ユニフォームがない。バッグに入れてもらったと思っていたら、入っていなかったそうです。お母さんに任せっきりで大切なユニフォームを自分で準備していなかった。お母さんに届けてもらって試合には間に合いました。

実は私もたくさん失敗してきました。高校生のときバレーボール部でインターハイに出場しました。ピンチレシーバーとして試合にも出ました。全国大会で試合に出たのは初めてだったのかなり緊張していたのを覚えています。私は3年生で最後のインターハイなので、先生はチャンスをくれたのだと思います。試合ではエラーをしてしまいそのセットは取られてしまいました。とても苦い経験でした。しかし、チームのメンバーたちは責めることなくエラーをした私を励ましてくれ、その後の人生の支えになっています。

生徒たちが成長する過程は、小さな失敗の繰り返しです。そして改善し一歩一

図5－3　失敗を受け入れる

失敗にフォーカス
●弱点ばかり指摘
●他人と比較
チャレンジさせない
●プロセスより結果重視
●成長を止める
短期的視点
●将来の成功
●得意を伸ばす

歩成長していくものです。部活においても同様で、練習や試合で失敗することはよくあります。中学生の時期は成長期に個人差があるので、同じ学年でも身長が20センチ違うなどの個人差があります。したがって、個性を考慮して練習内容を変えたりします。

悪いところばかりにフォーカスして、できないことを追い詰めるのではなく、どうしたらできるようになるのか。そのためにはどうしたらよいのかを、生徒と一緒に考えて具体的に提案していくことが重要だと思います。昨日までできなかったプレーが今日できるようになった。その成功例は、先生やコーチ、ス

図5－4　方法や目的を誤って良い結果が得られなかっただけ

失敗の中にたくさんのヒントがある

- どうやってできるかをアプローチする
- 成長率を重視
- 長所や個性を伸ばす
- 長期的視点

タッフが共有して、みんなで褒めることも大切です。

失敗は、方法や目的を誤ってよい結果が得られなかっただけです。失敗の中にはたくさんのヒントがあります。どうやったらできるかを生徒にアプローチしてください。生徒の成長には個人差があります。思いどおりのプレーができるまでの道のりは長いのです。目標にはまだまだ届きませんが、先週から比べるとタイムが10%早くなった、という成長が大事なのです。生徒を励ましてください。今は失敗でも、1年後2年後の成功を見据えることが大切です。長期的な視野で生徒と競技に取り組んでください。

③部活運営のマネジメント

部活の運営では、生徒の学業との両立、部活競技の課題の克服、費用の予実管理などが重要です。競技の成績をよくすればいいというわけではありません。このように管理運営する上で、多くの企業が採用しているマネジメントのフレームワークにPDCAサイクルがあります。部活運営にも活用することでマネジメントの精度や課題解決のスピードが上がると考えています。

ＰＤＣＡ（計画・実行・評価・改善）サイクルは、部活を管理する顧問としては必要なスキルです。特に計画が重要です。短期的には1カ月から6カ月計画。中期的には1年計画。長期的には2年から3年計画。経費は上期・下期に分けて1年ごとに収支を計算します。新入生用のトレーニングウエア、用具やユニフォームなどを購入する際は事前に保護者、ＯＢＯＧ会、学校など関係者に金額を提示する必要があります。事後報告だと回収が遅延することが多いからです。会計は透明性が重要です。

部費では購入できないぐらいの用具、ユニフォームを購入して支払いが年度を繰り越してしまった部活の顧問もいました。また、支払いができなくなり懲戒処分を受けた顧問もいます。このような事態にならないためにも計画が重要です。

生徒の課題を解決するための目標を設定します。期間とともに定量的または定性的に目標を設定しますが、その際、競技特性や生徒の能力を考慮する必要があります。タイムを10秒縮める、ジャンプ力を5センチアップする、ドリブルとパスの動作を早くする、早く守備に戻れるようにする、演技中での笑顔など、たくさんありますね。しかし、その目標が能力からかけ離れていないか、タイムスケジュールに無理はないかが重要です。

例えば身長が185センチの新入部員に対し、本来なら1年間の基礎練習で体力作りを優先しますが、入部6カ月後の新人戦に出場させるために厳しい練習をさせて膝を傷めてしまったなど、勝つための無理な計画は結果として事態を悪化させてしまいます。計画を実行して途中で進捗状況を確認することが必要です。計画よりも早く結果が出せている場合は高い目標に修正する、逆に進捗状況が悪ければ目標を低くするなど、柔軟に生徒に合わせるのが望ましいと思います。

●計画（P）

目標を決めて具体的に行動計画に落とし込むことから始めます。適切な目標を設定しなければ絵に描いた餅になってしまいます。例えば「私たちは全国大会で優勝することを目標にして日々の練習、生活をしています」というのはどうでしょうか。1年以内に優勝を目指す、いや3年以内、10年以内に優勝したいなど、タイムスケジュールの根拠が大事ですね。生徒の現状の能力やその競技に対する意思などが影響します。目標は成績だけではなく、その競技をする先生の価値観や生徒の価値観です。最後までやり抜く意思を大事にしたい、他の生徒をサポートしてみんなの役に立ちたい。このために適正な計画を立てるのに時間がかかります。

●実行（D）

その目標に向けて計画を実行していきます。生徒にはそれぞれ個性がありますし、能力の差もあります。先生は一定の期間は生徒の自主性を尊重して、それぞれサポートしてください。

●評価（C）

ゴールの中間地点で一度計画の進捗状況を分析してください。例えば生徒の目標は達成不可能なのか、ギリギリ目標は達成するのか、予定より早く達成できそうなのか。この中間地点で目標の上方修正または下方修正や、目標は同じでもやり方を変更するなどの対応をします。具体的なデータと生徒の状況を勘案して修正することがポイントです。新たな課題が見つかることがありますし、ポジションや種目の変更を勧めるなど想定外のことになることもあります。データではわからない生徒の状況を観察することです。もちろん、生徒とは話し合って理解してもらうことが前提となります。

●改善（A）

修正された目標を実行していく段階

図５－５　マネジメント能力

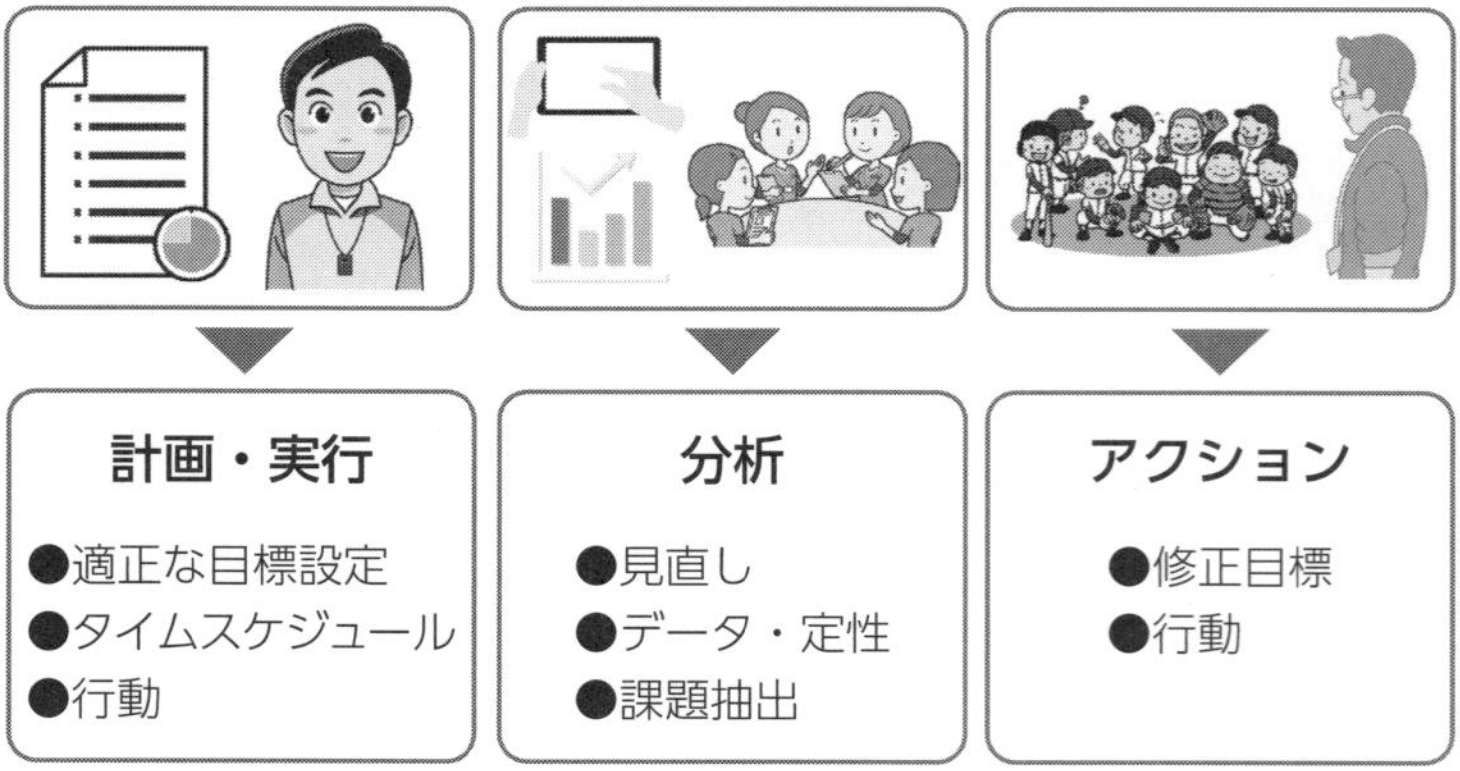

計画・実行
●適正な目標設定
●タイムスケジュール
●行動
分析
●見直し
●データ・定性
●課題抽出
アクション
●修正目標
●行動

です。生徒は新しい目標ややり方を理解しても、下方修正するとモチベーションが下がる場合があります。しかし、目標が低くなっても課題を達成することで成功体験ができます。その目標をクリアするまではフォローすることが望ましく、生徒の個性や特徴を見ていくことが大事です。この成功体験を増やすことで大きな成長へとつながっていきます。

●自分のマネジメント

先生は生徒のことを第一優先に考えているので、自分のことになると後回しになりがちです。部活運営では自分自身のマネジメントはとても重要です。1つは体調管理です。例えば暴飲暴食、睡眠不足による体調不良。そのまま対処せ

図5－6　ビジョンを明確にする

自分のマネジメント	組織のマネジメント
●体調管理	●適正な目標設定
●感情のコントロール	●予算管理
●法令遵守	●調整能力

ずに重い病気になって入院してしまうこともあります。注意していただきたいと思います。

また、感情のコントロールも大事です。学校や家庭で思いどおりにいかないことはよくありますよね。私は思いどおりに行くことのほうが少ないと感じています。イライラすると生徒を叱り飛ばすことが多くなり、言葉だけではなく態度にも出てしまうことがあります。自分の欲求ばかりを優先してしまうのではなく、理性を持ち、法令遵守を心がけることです。

部活運営のマネジメントでPDCAサイクルを回すことや、自分自身をマネジメントすることが、部活の生産性や生徒のパフォーマンスが上がる要因になると考えます。

④生徒とのコミュニケーション

コミュニケーションとはお互いの意見や気持ち、価値観を伝えることです。先生と生徒との関係は年月も浅く（3年とか6年とか）、その間も、例えば1週間のうちに会ってお互いが話す機会はどれほどあるでしょうか。上級生になると先生の気持ちや行動パターンがわかってきますが、1年生だとほぼ知らないことが多いと思います。知らなかった先生と生徒がその競技で共通する目標を達成するためには、お互いが協力し合う必要があります。だからこそ、コミュニケーションを取ることがとても大事なのです。先生と生徒が意見を言い合える、お互いを理解し合えるコミュニケーションが必要ですし、部活動においてはそれが健全な関係だと考えます。

部活動で先生は生徒とのコミュニケーションが以下に挙げるような状況になっていませんか。過去はそうだったと感じている先生は少なくないと思います。「そうなんです」と言った先生は、ぜひ参考にしてください。

●先生から生徒へ一方通行のコミュニケーションになっていませんか？

この傾向は多いように思います。一方的に話すことなので、コミュニケーションとはいえませんね。どうしても先生は指導者の立場で上から目線になっています。生徒がミスをして先生が指導している状況が目に浮かびます。生徒のふてくされた顔、先生の怒った表情、そして生徒に話をさせない……。健全な練習、コミュニケーションとはいえないですね。先生は生徒に対していかつい顔で、きつい口調や早口になっていませんか。

●気持ちを落ち着かせて生徒に問いかけてみてください

「またミスして、何度言ったらわかるんだ」ではなく、傾聴姿勢で「パフォーマンスが低いように見えるけど、何か困っている?」(参照:『言いかえ図鑑』大野萌子著/サンマーク出版)と言ってみましょう。生徒は重い口を少しずつ開いてくれるでしょう。先生との信頼関係が高まると思います。

●生徒は「ハイ」と言っていますが、伝わっていますか?

話が伝わらない要因としては、曖昧な表現が多くなっている場合が多いです。例えば「もっと早くサーッと動け」で生徒はとりあえず動きますが、「遅い、もっと早くだ」となり、今度は「大きく動け」でワケがわからなくなる。「早く」とか「大きく」などは人によって基準が違います。具体的に2メートルとか3歩などと数字を入れて説明すると、お互いの食い違いがなくなり伝わりやすくなります。また、生徒に復唱してもらうことで理解度は深まると思います。

生徒に話をさせることは先生の役割だと思います。練習では生徒に問いかけをして、考えていることや気持ちを引き出してあげる。ミーティングでは最初は生徒に話してもらい、だんだん

図5－7　コミュニケーション能力

●相手の話を聞かない
●感情的に怒って指示、命令
●相手に伝わらない
●具体性がない説明
●会話なく意思伝達
●同一思考

と先生が話す量を増やすようにコントロールするのがよいと思います。

コミュニケーションは言葉だけではありません。生徒の表情や仕草、行動などです。いつも話している口調に比べて今日は声が大きくきつく感じる。目をそらして話している。生徒の話を聞きながらなぜそのような態度をするのかを読み取ってください。生徒に相談をしないで決めてしまったのが不満なのか？　家庭で何か問題があってそれを引きずっているのか？　その背景には何かあるはずです。生徒の話す口調、強さ、速さ、表情、行動を含めて

図5－8　コミュニケーション能力は人間関係で重要

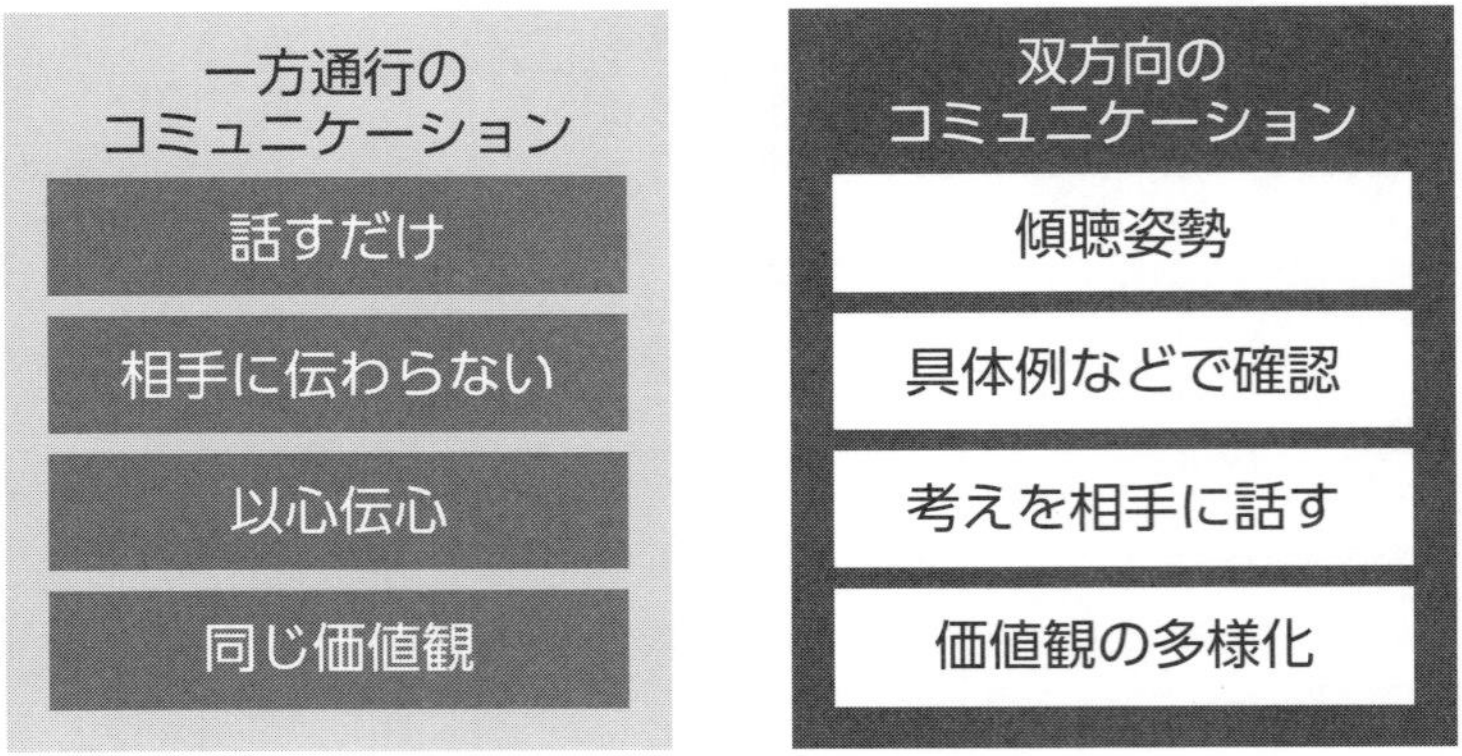
一方通行のコミュニケーション
話すだけ
相手に伝わらない
以心伝心
同じ価値観
双方向のコミュニケーション
傾聴姿勢
具体例などで確認
考えを相手に話す
価値観の多様化

意思疎通をすることが重要です。難しいとは思いますが、ぜひ実践してください。

パワハラ、セクハラは相手の内心に関わる問題です。同じ行為でもハラスメントに認定されることがありますし、言葉でも同様です。パワハラやセクハラにならないために事例を紹介しますので、部活動だけではなく学校生活においても意識してコミュニケーションを取るようにしてください。

パワハラになる発言例

・危害を加えることをほのめかして怖がらせる言葉

「進学はないと思え」

「このままなら、進学の推薦枠に入れないぞ」

「練習を休むことは許さないからな」

「お前のせいだぞ、どうしてくれるんだ」

・生徒たちがいる前でわざと屈辱的発言をして、生徒の品格を否定するような言葉

「お前にはどうせ無理だ」

「これほどへたなやつは見たことがない」

「お前のせいでみんなに迷惑がかかっているんだぞ」

・不適切な悪口や乱暴な言葉、容姿を中傷するような言葉

「お前は無能だな」

「いるだけでみんなが迷惑している」

「小学生以下だな」

「バカ、アホ、デブ、気持ち悪い」

・外見や身体的特徴の発言、容姿や服装をいじる発言

「スリーサイズを教えて」

「安産型でよかったね」

「今日はおめかししているけど、デート?」

「肌荒れがひどいけど、眠れていないの?」

セクハラになる発言・行動例

・執拗にデートに誘う
「二人でゆっくりしたいな」

「いつなら食事に行けるの？」

「今度、温泉デートしよう」

「週末どっちか空いてたら会わない？」

・性的なことの質問、下ネタ発言、噂話を広げる、性的な魅力を褒める
「あいつは二股をかけているらしいよ」

「生徒の前で下ネタを言う」

「アニメキャラのセクシーなフィギュアを席に置く」


生徒を褒めるときは外見や容姿ではなく、練習ぶりや頑張り、態度を褒めるようにしましょう。また、用事があるときは、なれなれしく触るのではなく、生徒

の正面に回って話しましょう。

＊「労働問題弁護士ガイド」ホームページを参照

⑤チェックシートでハラスメント言動を改善

チェックシートの活用方法については、第6章で詳しく解説します。ここではチェックシートで「ハラスメント言動を改善する」についてお話ししたいと思います。

自分では気がついていない、無意識で話す言葉や行動の癖があります。実はあなたと一緒に働いている先生、生徒は気づいています。ついつい怒っているときに出る口癖や、生徒を威嚇している行動はハラスメントと受け止められることがあります。この傾向を早く知って改善することが対策の第一歩になります。

このチェックシートを定期的に使うことで期待できる効果があります。自分の傾向が把握できることです。
例えば話す口調がきつい、声のトーンが高くなる、目つきが悪くなる、腕組みをして話す、生徒に話をさせない、生徒の容姿について悪く言う、などがあります。これらの行為が決まった生徒だけにしている限定的な行為になっているのなら、いじめにつながる要因になります。チェックシートにより、先生が気づかない発言や行動の傾向を知ることができます。そして第三者も含めた複数の視点で行動をチェックするので、先生同士のなれ合いによる甘いチェックになりにくいのです。チェックをすることによる抑止効果があると考えます。

このチェックシートは複数の先生同士で行うのがよいと考えます。様々な競技の先生、幅広い世代の先生、性別の異なる指導者でチェックを受ける仕組みが大事です。

生徒の同じ行動に対し、２人の先生が異なる対応をした事例を紹介します。

部活名：△△部　　　　対象者：○○先生

言動・容態の項目　あてはまる項目を○印

脅迫（危害を加えることをほのめかし、相手を怖がらせる言葉）
屈辱的な発言（相手の品格を否定する言葉）
ひどい暴言（悪口、乱暴な言葉、容姿を中傷するような言葉）
暴力（直接叩く、用具で叩く、叩くふりをする）
無視（仲間外し、隔離）、無理な要求、レベルの低い要求
プライベートを執拗に聞く
セクハラ発言（性的な質問、噂話を広げる、下ネタ発言）
性的な魅力を褒める（容姿や服装をいじる発言）
身体に触る、卑猥な画像を見せる

褒める（マイナスのニュアンスがない）
注意や叱る（感情を抑えている、具体的に指示している）
相手を尊重している（傾聴姿勢）
指示（具体的な数字を入れている、期待を伝えている、肯定形）

言動・容態の項目	言動・容態の内容
場所、公然性	体育館
回数	1回
継続時間	3分ぐらい
口調	優しい口調
声の大きさ	数名の選手が聞こえる程度

チェック者：　　　　日時：3/19、11時

言動・容態の内容

生徒が練習中にミスをしたら、○○先生は
パフォーマンスが低いように見えるけど
何か困っている？と言って選手に寄り添った
問いかけをしていた。
選手は事情を話し始めていた。

生徒が練習中にミスをしたことに対して、先生は生徒に寄り添い問いかけをしていますね。感情を抑えてミスをした生徒を怒らずに優しい口調で話している様子がわかります。生徒は原因を話し始め、できるようになるにはどうしたらよいか質問がしやすくなります。

このように生徒を尊重してコミュニケーションを取れることが重要です。このようによい事例は先生同士で共有して取り入れてほしいと思います。

〈事例2〉

部活名：〇〇部　　対象者：〇〇先生

言動・容態の項目　あてはまる項目を〇印

脅迫（危害を加えることをほのめかし、相手を怖がらせる言葉）
屈辱的な発言（相手の品格を否定する言葉）
ひどい暴言（悪口、乱暴な言葉、容姿を中傷するような言葉）
暴力（直接叩く、用具で叩く、叩くふりをする）
無視（仲間外し、隔離）、無理な要求、レベルの低い要求
プライベートを執拗に聞く
セクハラ発言（性的な質問、噂話を広げる、下ネタ発言）
性的な魅力を褒める（容姿や服装をいじる発言）
身体に触る、卑猥な画像を見せる

褒める（マイナスのニュアンスがない）
注意や叱る（感情を抑えている、具体的に指示している）
相手を尊重している（傾聴姿勢）
指示（具体的な数字を入れている、期待を伝えている、肯定形）

言動・容態の項目	言動・容態の内容
場所、公然性	体育館
回数	2回
継続時間	10分ぐらい
口調	きつい口調
声の大きさ	選手全員が聞こえるぐらい大きい声

チェック者：　　日時：12/19、17時

言動・容態の内容

練習中にミスをしたら強い口調で叱りつけて、
ミスとは関係ない生徒の容姿について
暴言を吐いた

先生は生徒のミスをひどく怒っていますね。10分間もきつい口調で屈辱的な暴言を繰り返しています。体育館にいる生徒に聞こえるほどの大きな声です。先生はミスしたことばかりに焦点を当てるのではなく、どうやったらできるようになるのか具体的に指導することが望まれます。

あなたが生徒ならどう思うでしょうか。モチベーションが下がり部活が嫌いになりますね。このような行為が繰り返されるとパワハラとなります。

●まとめ

この章では先生の部活での行動改善についてお話ししました。まず実践してほしいこととして、次の４つのポイントを振り返ってみてください（⑤のチェックシートは除きます）。

①先生の価値観を押しつけない
②生徒は失敗から学ぶことが多い
③部活運営のマネジメント
④生徒とのコミュニケーション

この４つのポイントに沿ってあなたの行動を整理して文字にすることで、傾向や課題を「見える化」できます。ここでの重要なのは、部活動の場面だけの改善点ではなく、学校生活や日常の行動においても共通するところが多い改善点だということです。無意識にしている発言や行動がハラスメントになり得る行為になっていないか自分自身が意識し、また、先生同士で意識し合うことが重要です。

なぜ行動の改善が必要なのかといえば、もしハラスメントが起きると大きな危険が生じてしまうからです。被害者の生徒、加害者の先生、管理する学校それぞれが想定されるリスクは最小限にしたいですね。私は防ぐことが可能だと信じています。

生徒の価値観を変えて先生の思いどおりにすることはできません。生徒を変えるのではなく、先生が価値観を受け入れて生徒に近づいていくのがよいと考えます。相手の気持ちや思考を理解するようにしましょう。学校生活では生徒が主役だということを忘れてはいけません。日々、生徒に寄り添って部活運営を進めてください。

先生だってこれからもたくさん失敗はしていきます。例えば、経験したことのない競技の部活顧問になるかもしれません。指導方法はわからずルールも知らないと思います。ですから、生徒と一緒に成長すればよい。その理念は変えずに、ぜひチャレンジしてください。

6

新しい部活顧問になるための第一歩

行動や発言を「見える化」する

部活顧問が新しくなるというのは、生徒にとっては一大事です。この章でフォーカスしたいのは、新たに顧問になった先生がハラスメントを起こさないために先生自身が変わらなければいけないということです。

そのためには自身の行動の傾向を知り、何がよくて、何がハラスメントにつながるのかを把握しなければなりません。自分の傾向を知り、改善すること。そして他の先生の行動も参考にしてよい点を取り入れることが大事です。

そのために行動や発言を「見える化」するチェックシートを活用していただきたいと考えています。この「ハラスメントチェックシート」の使用方法や事例などを、本章ではご紹介したいと思います。

セミナーや研修で部活顧問の先生にこうお聞きします。

「部活で生徒にパワハラやセクハラをしていない自信はありますか?」

ほぼ全員の先生が「私はしていないつもりですが、ハラスメントにつながる行為をしているかもしれない」「いや、生徒はパワハラだと感じているかもしれない」と答えます。

そうなんです。先生は、生徒を指導するあるいはコミュニケーションを取る際に、自分の行動傾向を知らないことが多いのです。傾向はクセと言い換えてもよいでしょう。誰でもクセは多少ありますが、意外と自分では知らない部分があります。例えばイライラしている時の口癖、目つき、仕草などの言動についてです。生徒を注意するときはつい上から目線で、そしてきつい口調で言っていませんか?「何度言ったらわかるんだ」「こんなこともできないのか」と。また、先生の周りにある道具や物に当たって威嚇するような行為をしていませんか? 意外と自分では気づいていないことが多いですね。

このような自分の言動は、ハラスメント行為につながるグレーな傾向なのかどうかを第三者から見てチェックしてもらい、内容を分析して行動を改善することが変革につながります。

チェックシートでは、悪いところだけにフォーカスするのではなく、ポジティブな面にも目を向けています。あなたが他の先生の行動傾向をチェックして、参考になる注意の仕方や叱り方、褒め方など、生徒との関係性がよくなるコミュニケーションを観察して実践してみてください。習得するには時間がかかると思いますが、チャレンジすることはとても大切だと思います。生徒にはチャレンジしなさいと言っていませんか。先生自らがチャレンジする姿を見せることは、生徒への見本ともなります。それが新しい部活顧問に生まれ変わるよい機会になるのです。

ハラスメントチェックシートの目的

①部活が閉鎖的

・練習の見学ができない

・内密性が高い

②状況がわからない
・先生に任せっきり
③ハラスメントの噂を聞く
・生徒の活動、発言をコントロールしている
④先生に意見が言えない
・生徒、同僚、保護者が先生に忖度している
・他の競技の指導者を受け入れない

部活の問題点について、このような意見を多くの先生、保護者、学校の上層部、生徒から聞いています。部活では多くの問題がありますが、閉鎖的な活動になっていないかどうかを最も危惧しています。部活を

部活名：　　　　対象者：　　　　チェック者：　　　　日時：

言動・容態の項目　あてはまる項目を○印

脅迫（危害を加えることをほのめかし、相手を怖がらせる言葉）
屈辱的な発言（相手の品格を否定する言葉）
ひどい暴言（悪口、乱暴な言葉、容姿を中傷するような言葉）
暴力（直接叩く、用具で叩く、叩くふりをする）
無視（仲間外し、隔離）、無理な要求、レベルの低い要求
プライベートを執拗に聞く
セクハラ発言（性的な質問、噂話を広げる、下ネタ発言）
性的な魅力を褒める（容姿や服装をいじる発言）
身体に触る、卑猥な画像を見せる

褒める（マイナスのニュアンスがない）
注意や叱る（感情を抑えている、具体的に指示している）
相手を尊重している（傾聴姿勢）
指示（具体的な数字を入れている、期待を伝えている、肯定形）

言動・容態の項目	言動・容態の内容
場所、公然性	
回数	
継続時間	
口調	
声の大きさ	

言動・容態の内容

オープンにして、コミュニケーションが取れる環境になれば、先生と生徒の関係が年功序列から平等となり、ハラスメントを止めることにつながると考えています。

この仕組みは組織として取り組むハラスメント防止対策で、学校の協力が不可欠です。生徒が健全な環境で部活に参加できるようにするためにも、このハラスメントチェックシートを活用していただきたいと考えています。

ハラスメントチェックシートの使用目的は2つあります。

1つは、あなたが気づいていない行動傾向を知ることです。部活で生徒に指導する上で、自分では気づいていない行動傾向を知り、分析してハラスメント行為につながらない行動に改善すること。もう1つは、他の先生が生徒に指導するときのよい点を見つけて、それを自分に取り入れて行動を改善していくことです。

結果として生徒が安心して練習ができる環境をつくり、開かれた部活動につながると確信します。

ハラスメントチェックシートの使い方

先生のハラスメントチェックをするにあたり、最初の取り組みはよい点をチェックするようにしてください。悪いところだけを探そうとするとネガティブになります。継続していくには、よい点と改善点の両方をチェックしていただきたいと思います。

●チェックする人

チェックする先生は3人から5人程度をお勧めします。バリエーションも大事です。例えば、去年教師になったばかりの年下の剣道部の顧問、同期の女子バスケット部の顧問、教師歴20年の野球部の顧問、女子バレー部顧問の女性の先生。また、チーム競技のサッカー部顧問、個人種目が多い水泳部顧問など。屋外・屋内の様々な競技の顧問、世代も性別も価値観も違う顧問の先生たちがチェックすることで、いろんな視点で先生の行動傾向の気づきが増え、漏れが少なくなります。

●チェック回数

1年間に2回程度がよいと思います。6カ月に1回チェックして、よい点、改善点を振り返ります。そして次回のチェックまでの6カ月で改善点に取り組むサイクルが理想です。

●集計方法

記入したシートは学校の管理職の教師が責任者として集計します。サポートする人は、部活顧問と利害関係のない事務系の職員に担当していただくのがよいと思います。このシートは、内容もちろんのことで、誰が誰に書いたかも含めて守秘義務として取り扱ってください。

●本人への報告

管理職の教師が本人に報告します。必ずよい点を報告してください。また、このよい点は他の先生と共有することも伝えてください。本人への報告は改善点について気づくよい機会となりますので、要因とこれからの取り組みについて話し合ってください。

●記入方法

次ページのチェックシートの事例についてみていきます。

㋐は、事前に記入するようにしてください。現場でチェックする先生と対象者として記入する先生を間違えないようにしてください。部活名は競技名、男女どちらかわかるようにしてください。チェック者は匿名でも構いません。回数を重ねていくうちに、希望があれば匿名から実名に変えて記入してもよいと思います。日時も大切なデータです、漏れなく記入してください。

㋑は、部活顧問の発言・行動と、その要因となる生徒の発言・行動を、時系列に沿って事実を記入してください。また、部活の雰囲気、他の生徒の状況もわかれば記入してください。チェック者の主観が強すぎると間違って伝わることになりますので、事実を記入するようにしてください。

㋐ 部活名：女子□□部　　対象者：〇〇先生

言動・容態の項目　あてはまる項目を〇印

脅迫（危害を加えることをほのめかし、相手を怖がらせる言葉）
屈辱的な発言（相手の品格を否定する言葉）
ひどい暴言（悪口、乱暴な言葉、容姿を中傷するような言葉）
暴力（直接叩く、用具で叩く、叩くふりをする）
無視（仲間外し、隔離）、無理な要求、レベルの低い要求
プライベートを執拗に聞く
セクハラ発言（性的な質問、噂話を広げる、下ネタ発言）
性的な魅力を褒める（容姿や服装をいじる発言）
身体に触る、卑猥な画像を見せる

褒める（マイナスのニュアンスがない）
注意や叱る（感情を抑えている、具体的に指示している）
相手を尊重している（傾聴姿勢）
指示（具体的な数字を入れている、期待を伝えている、肯定形）

言動・容態の項目	言動・容態の内容
場所、公然性	
回数	
継続時間	
口調	
声の大きさ	

チェック者：△△先生　　日時：3/19、17時

言動・容態の内容
㋑
生徒が練習中にミスをしたら、〇〇先生は
パフォーマンスが低いように見えるけど
何か困っている？と言って生徒に寄り添った
問いかけをしていた。
生徒は事情を話し始めていた。

㋐ 部活名：男子□□部　　対象者：○○先生

言動・容態の項目　あてはまる項目を○印 脅迫（危害を加えることをほのめかし、相手を怖がらせる言葉） 屈辱的な発言（相手の品格を否定する言葉） ひどい暴言（悪口、乱暴な言葉、容姿を中傷するような言葉） 暴力（直接叩く、用具で叩く、叩くふりをする） 無視（仲間外し、隔離）、無理な要求、レベルの低い要求 プライベートを執拗に聞く セクハラ発言（性的な質問、噂話を広げる、下ネタ発言） 性的な魅力を褒める（容姿や服装をいじる発言） 身体に触る、卑猥な画像を見せる
褒める（マイナスのニュアンスがない） 注意や叱る（感情を抑えている、具体的に指示している） 相手を尊重している（傾聴姿勢） 指示（具体的な数字を入れている、期待を伝えている、肯定形）

言動・容態の項目	言動・容態の内容
場所、公然性	
回数	
継続時間	
口調	
声の大きさ	

チェック者：△△先生　　日時：12/19、17時

言動・容態の内容

㋑

練習中にミスをしたら強い口調で叱りつけて、
ミスとは関係ない生徒の容姿について
暴言を吐いた

さらに184ページのチェックシートの事例についてみていきます。

㋒は、先生の発言・行動の容態はどの項目に当たるのかをチェックします。枠内の横線から下のところはポジティブな発言・行動の容態に当たります。その中から当てはまる項目に○印をつけてください。

紹介している事例は生徒が練習中にミスをしたのを見て、先生は感情を抑えて生徒に話しかけていますね。生徒を追い詰めることもなく、ミスをした原因を問いかけているので傾聴姿勢がうかがえます。

㋓は、先生の発言・行動の容態を客観的に示すものです。この事例では、生徒の周り2メートルぐらいの距離で聞こえるぐらいの声の大きさだったとわかるので、普段の会話のトーンでコミュニケーションをしていることがうかがえます。生徒の気持ちや話しやすさを大切にしている様子が見えてきます。

悪い事例からわかるのは、先生がミスをした生徒に怒っている状況ですね。プレーとは関係ない生徒の容姿についても暴言を吐いています。きつい口調で、声の大きさは体育館にいる生徒に聞こえるぐらいの大きな声。この状況だと生徒が傷ついてしまうことになります。叱っている時間は2回で10分です。長いですね。このような行動、発言が日常的に行われているのであれば、ハラスメント事件になるのは時間の問題です。

生徒が練習中にミスをしたときの先生の対応の差で、ハラスメントになることが多いです。良い事例のような対応がとれるように改善が必要な先生は一定程度いると想定されます。私はこのような練習風景を見てきました。先生の行動を改善するために組織で指摘し合える仕組みが必要です。個人的に年上の先生に注意することはできないと思いますが、ルールとして先生に伝えることができれば部活環境が健全になると考えます。部活の先生だけではなく学校が組織として取り組んでほしいと考えます。

部活名：　　　　　　　　　　　　　　　対象者：

言動・容態の項目　あてはまる項目を○印　ウ
脅迫（危害を加えることをほのめかし、相手を怖がらせる言葉）
屈辱的な発言（相手の品格を否定する言葉）
ひどい暴言（悪口、乱暴な言葉、容姿を中傷するような言葉）
暴力（直接叩く、用具で叩く、叩くふりをする）
無視（仲間外し、隔離）、無理な要求、レベルの低い要求
プライベートを執拗に聞く
セクハラ発言（性的な質問、噂話を広げる、下ネタ発言）
性的な魅力を褒める（容姿や服装をいじる発言）
身体に触る、卑猥な画像を見せる
褒める（マイナスのニュアンスがない）
注意や叱る（感情を抑えている、具体的に指示している）
相手を尊重している（傾聴姿勢）
指示（具体的な数字を入れている、期待を伝えている、肯定形）

言動・容態の項目	エ　言動・容態の内容
場所、公然性	体育館
回数	1回
継続時間	3分ぐらい
口調	優しい口調
声の大きさ	数名の選手が聞こえる程度

チェック者：　　　　　　　　　　　　　日時：

言動・容態の内容

部活名：　　　　　　　　　　対象者：

言動・容態の項目　あてはまる項目を○印　㋒

脅迫（危害を加えることをほのめかし、相手を怖がらせる言葉）
屈辱的な発言（相手の品格を否定する言葉）
ひどい暴言（悪口、乱暴な言葉、容姿を中傷するような言葉）
暴力（直接叩く、用具で叩く、叩くふりをする）
無視（仲間外し、隔離）、無理な要求、レベルの低い要求
プライベートを執拗に聞く
セクハラ発言（性的な質問、噂話を広げる、下ネタ発言）
性的な魅力を褒める（容姿や服装をいじる発言）
身体に触る、卑猥な画像を見せる

褒める（マイナスのニュアンスがない）
注意や叱る（感情を抑えている、具体的に指示している）
相手を尊重している（傾聴姿勢）
指示（具体的な数字を入れている、期待を伝えている、肯定形）

言動・容態の項目	言動・容態の内容 ㋓
場所、公然性	体育館
回数	2回
継続時間	10分ぐらい
口調	きつい口調
声の大きさ	生徒全員が聞こえるぐらい大きい声

チェック者：　　　　　　　　　　日時：

言動・容態の内容

悪い事例

〈事例1〉

部活名：男子◯◯部　　対象者：◯◯監督

言動・容態の項目　あてはまる項目を◯印
脅迫（危害を加えることをほのめかし、相手を怖がらせる言葉） 屈辱的な発言（相手の品格を否定する言葉） ひどい暴言（悪口、乱暴な言葉、容姿を中傷するような言葉） 暴力（直接叩く、用具で叩く、叩くふりをする） 無視（仲間外し、隔離）、無理な要求、レベルの低い要求 プライベートを執拗に聞く セクハラ発言（性的な質問、噂話を広げる、下ネタ発言） 性的な魅力を褒める（容姿や服装をいじる発言） 身体に触る、卑猥な画像を見せる
褒める（マイナスのニュアンスがない） 注意や叱る（感情を抑えている、具体的に指示している） 相手を尊重している（傾聴姿勢） 指示（具体的な数字を入れている、期待を伝えている、肯定形）

言動・容態の項目	言動・容態の内容
場所、公然性	体育館
回数	2回
継続時間	10分ぐらい
口調	かなりきつい口調
声の大きさ	体育館全体に聞こえる

チェック者：◯◯先生　　日時：10/21-17:00

言動・容態の内容
１年生が練習で同じミスをしてしまった。 先生はミスした原因を聞かず、 「なんでできないんだ」 「同じことを何度言わせるんだ」 「このままだと大会に勝てないぞ」 「今度同じミスをしたら１年生は連帯責任だからな」 練習する雰囲気が悪くなり上級生もミスをした。

この部活は新人チームになり、新レギュラーを3名選考しているところです。一人は1年生で、1年後2年後を見込んで、先生はレギュラーにしたいと考えていました。

チーム目標は新人戦で県のベスト4に入ることです。シード権を獲得して3年以内には全国大会への出場を狙っています。そのために今年は有望な生徒を例年より3名多く推薦で入学させました。しかし、新人チームになってチーム育成が思うように進まないことに先生はイライラしていました。先週の練習試合では僅差で勝ったものの後半に追いつかれそうになり、予想以上に苦戦しました。新レギュラーの1年生は試合で萎縮してしまい、練習どおりのプレーができませんでした。

先生は将来性を見込んで長い目で見るようにしていましたが、大会が近づくにつれて、レギュラー経験のある2年生に代えようか迷っています。1年の生徒は察しますよね、先生が腕組みしてにらみつけていることを。過剰に先生の顔色を意識してしまい練習に集中できません。

そんなとき、ドリブルをして相手コートに攻め入っていた1年生が、ボールを奪われてしまいました。先生はプレーを止めてミスした1年生に「こんなミスして恥ずかしくないのか」と感情的になって、ミスしたことだけではなく、生徒の性格を罵倒してしまいました。他の生徒の前で体育館全体に聞こえるぐらいきつい口調で、10分も言われ続けました。新人チームになってからこの1年生には厳しく指導していたようです。

先生は執拗に生徒を叱り、「今度ミスをしたら連帯責任を取らせる」と、脅しとも取れる言葉を口にしています。もし、同級生の生徒が連帯責任を負わされたらどう思うでしょうか。ミスをした生徒を恨んでしまうと想定します。この行為はいじめにつながる悪質な言動となり得るのです。

生徒を叱ったり注意したりするときは、どうしても上から目線になりがちです。ミスしたことだけではなく、その生徒の性格や行動まで悪く見えてしまいます。容姿や性格を悪く言うこともあります。先生は最初のミスは我慢していたのですが、生徒が笑いながら練習しているのを見ると、感情を抑えられずイライラが怒りに変わってしまいました。生徒がミスをしたときは、どうすれば改善できてミスしなくなるかを指導するのが正しいと思います。

事例1は、パワハラの「精神的な攻撃」と認定される可能性があります。このような指導が積み重なっていき、次第にエスカレートして生徒が精神的に追い込まれてしまったり、体罰を受けたりという事件になる可能性があります。

この先生は学生の頃同じような指導を受けた経験があり、その指導方法を受け継いで現在も指導しているようで、同様のケースはかなり多いという傾向があります。先生の経験だけに頼るのではなく、生徒に合わせた指導を取り入れることも大事だと思います。そして、先生の行動を改善することで、生徒だけではなく先生もハラスメントのリスクを軽減することができます。

余談ですが、私が高校2年生になる頃には、先生が怒りそうなときに取る行動がわかってきました。1年生だとまだそこまでの余裕はありませんよね。例えば、腕組みをし始める、名前ではなく「オイッ」と呼び始める、などです。このような傾向は先生にしっかりと伝えて改善するのが望ましいと思います。

部活名：男子〇〇部　　**対象者：**〇〇コーチ

言動・容態の項目　あてはまる項目を〇印

脅迫（危害を加えることをほのめかし、相手を怖がらせる言葉）
屈辱的な発言（相手の品格を否定する言葉）
ひどい暴言（悪口、乱暴な言葉、容姿を中傷するような言葉）
暴力（直接叩く、用具で叩く、叩くふりをする）
無視（仲間外し、隔離）、無理な要求、レベルの低い要求
プライベートを執拗に聞く
セクハラ発言（性的な質問、噂話を広げる、下ネタ発言）
性的な魅力を褒める（容姿や服装をいじる発言）
身体に触る、卑猥な画像を見せる

褒める（マイナスのニュアンスがない）
注意や叱る（感情を抑えている、具体的に指示している）
相手を尊重している（傾聴姿勢）
指示（具体的な数字を入れている、期待を伝えている、肯定形）

言動・容態の項目	言動・容態の内容
場所、公然性	体育館
回数	1回
継続時間	3分ぐらい
口調	問いかけるような話し方
声の大きさ	生徒の周り3mぐらいに聞こえる程度

チェック者：〇〇先生　　**日時：**11/24-17:00

言動・容態の内容

この１カ月の成長はすごいね。
課題だったパスの正確性がよくなったと思うよ。
今日は練習に集中できていないようだけど、
何か問題があるの。

〈事例2〉

この部活も新人チームです。部活の方針は生徒の主体性を大事にすること。先生を頼るのではなく生徒が中心になって練習や部活運営をしています。方針の成果が出て、新人戦大会ではベスト16に入りました。チーム状況は、レギュラーになったばかりの1年生はまだプレーが安定しておらず、どうしてもミスは出てしまいます。改善点を先生や他の生徒から教えてもらい、チームや生徒各人の課題克服に向けて練習をしています。

顧問の先生はバスケットボールの経験はありませんが、部活指導の経験が長い先生から運営方法を指導してもらったりしています。また、練習メニューやチーム作戦の立案などの戦術的なことはインターネットでリサーチしています。生徒の動きなどを動画で撮影して、生徒と共有して練習に取り組むなど、とても熱心に取り組んでいます。

事例2のハラスメントチェックシートを見ると、生徒がミスをしたときのコミュニケーションの仕方がとても参考になると思います。先生がミスした生徒へ威圧的に、かつ一方的に話すことはしていないですね。まず最初に生徒の成長を褒めています。この、最初に生徒を褒めることで感情をコントロールして、冷静になることができていると思います。

その後に生徒へ問いかけて、寄り添った会話をしようとしていますね。先生は傾聴する姿勢で対応しているので、生徒は安心して会話を進めていって、ミスの原因をひもとくことができると思います。これは部の方針である、生徒の自主性を尊重した行動です。部活動における先生と生徒との信頼関係は、このような積み重ねで築かれると思います。

ここまで、生徒が練習中にミスをしたときに先生がどう対応したか、2つの事例を紹介しました。

年上の先生に対して、経験がない競技の指導に関することで指摘することは現実的に厳しいと思いますが、生徒へのハラスメント行為を先生が止める必要があります。他の先生から指摘するなど、早くこのような指導を改善しなければなりません。複数の先生が組織のルールとしてチェックする。先生が気づいていない行動傾向を知って、言動を改善することが望ましいと考えます。

そして定期的に第三者からチェックしてもらうことでハラスメント行為の抑止効果にもつながります。事例2は部活中に生徒へ注意をするときの対応例です。生徒の話を傾聴する姿勢によって、部活動での関係性が良好になっていると思います。私もこのようなコミュニケーションができるようにしたいと思っています。

部活名：女子◯◯部　　　　対象者：◯◯監督

言動・容態の項目　　あてはまる項目を◯印
脅迫（危害を加えることをほのめかし、相手を怖がらせる言葉） 屈辱的な発言（相手の品格を否定する言葉） ひどい暴言（悪口、乱暴な言葉、容姿を中傷するような言葉） 暴力（直接叩く、用具で叩く、叩くふりをする） 無視（仲間外し、隔離）、無理な要求、レベルの低い要求 プライベートを執拗に聞く セクハラ発言（性的な質問、噂話を広げる、下ネタ発言） 性的な魅力を褒める（容姿や服装をいじる発言） 身体に触る、卑猥な画像を見せる
褒める（マイナスのニュアンスがない） 注意や叱る（感情を抑えている、具体的に指示している） 相手を尊重している（傾聴姿勢） 指示（具体的な数字を入れている、期待を伝えている、肯定形）

言動・容態の項目	言動・容態の内容
場所、公然性	体育館
回数	1回
継続時間	3分ぐらい
口調	きつい口調
声の大きさ	集合した生徒全員に聞こえる程度

チェック者：◯◯先生　　　　日時：1/24-10:30

言動・容態の内容

生徒は練習に30分遅れてくる。
生徒は先生に遅れたことを謝りました。
先生は他の生徒を集合させて
今日は何の練習をするか知っていますか？
全体練習をする日です。
わかっているんだっらなんで遅れたの？
みんなに謝りなさい
すみませんでした

その後練習に参加するが、生徒の表情は暗く、
納得していない感じがする。

この部活では、平日は個人の技術を高める練習を中心に、週末はチーム全体の練習をするようにしています。競技の特性上、集中力を維持することが大事です。今日は週末で全体練習をする日ですが、一人の生徒が遅刻し、全体練習ができない状況です。練習が始まって30分後にその女子生徒が遅れて体育館に入って来ました。生徒は申し訳なさそうに先生のところへ小走りで近づいてきました。

先生は、遅れた理由や今日は何の練習をするのかを問いただ、他の生徒に練習をいったんやめて、集合するように言いました。先生は「遅れて来て、全体練習ができなくなってみんなに迷惑をかけたから謝りなさい」と言い、生徒は大きな声で謝りました。遅れが原因でしたが、理由は聞き入れてくれません。その生徒はモチベーションが下がってしまい、先生との距離ができてしまいました。

大勢の生徒の前で謝らせる行為は見せしめと捉えられます。精神的な苦痛と感じるでしょう。生徒が遅れてきたことは仕方がありません。遅れないようにするにはどうするかを生徒と話すことです。電車が遅れているのなら、途中で先生かマネージャーに連絡するようにするのもよいと思います。緊急ではありますが、練習内容を変更するなど冷静な対応が先生にも必要だと思います。

〈事例4〉

部活名：女子○○部　　対象者：○○監督

言動・容態の項目　あてはまる項目を○印
脅迫（危害を加えることをほのめかし、相手を怖がらせる言葉） 屈辱的な発言（相手の品格を否定する言葉） ひどい暴言（悪口、乱暴な言葉、容姿を中傷するような言葉） 暴力（直接叩く、用具で叩く、叩くふりをする） 無視（仲間外し、隔離）、無理な要求、レベルの低い要求 プライベートを執拗に聞く セクハラ発言（性的な質問、噂話を広げる、下ネタ発言） 性的な魅力を褒める（容姿や服装をいじる発言） 身体に触る、卑猥な画像を見せる
褒める（マイナスのニュアンスがない） 注意や叱る（感情を抑えている、具体的に指示している） 相手を尊重している（傾聴姿勢） 指示（具体的な数字を入れている、期待を伝えている、肯定形）

言動・容態の項目	言動・容態の内容
場所、公然性	校庭
回数	1回
継続時間	3分ぐらい
口調	普段と変わらず
声の大きさ	集合した生徒全員に聞こえる程度

チェック者：○○先生　　日時：1/10-18:00

言動・容態の内容

練習の終わりには先生からお話がありました。
今年も３年生３人は卒業です。
卒業式まで下級生の指導をよろしく頼む。
生徒はお互いに顔を見合わせて
ザワザワしています。
もう一人の○○先輩はどうなるんですか？
学校に来ていないんだから、
卒業できないかもしれない。

練習の始めと終わりには生徒と先生が挨拶をするのが通例です。そのときに先生が何か話すことがあります。練習終わりにはその日の振り返りなどで話が長くなります。先生が練習で気づいたこと、よかった点や悪かった点などです。例えば生徒の成長が見えるプレー、今までは取れなかったボールが取れるようになったことを褒めるなど、ミーティングは短時間ですが、先生と生徒が共有できる大切な時間です。

事例４この内容は、個人の不確定な情報を生徒に伝えているものです。卒業できるかできないかは生徒にとってはとても重要なことです。それを軽々と、あたかも卒業できないことを前提に話しています。噂話が好きな人はいますよね、でも生徒たちに言うことでしょうか。「お前は先週彼氏とデートしていただろう。見たぞ」と、先生は自慢げにみんなの前で笑いながら話してしまう。言われた生徒はプライベートを公表されて不快な思いをしてしまいます。この事例のように、未確定な情報を公に話すことは避けてください。多くの人が傷ついてしまいます。

部活名：◯◯部　　　　対象者：◯◯監督

言動・容態の項目　あてはまる項目を◯印
脅迫（危害を加えることをほのめかし、相手を怖がらせる言葉） 屈辱的な発言（相手の品格を否定する言葉） ひどい暴言（悪口、乱暴な言葉、容姿を中傷するような言葉） 暴力（直接叩く、用具で叩く、叩くふりをする） 無視（仲間外し、隔離）、無理な要求、レベルの低い要求 プライベートを執拗に聞く セクハラ発言（性的な質問、噂話を広げる、下ネタ発言） 性的な魅力を褒める（容姿や服装をいじる発言） 身体に触る、卑猥な画像を見せる
褒める（マイナスのニュアンスがない） 注意や叱る（感情を抑えている、具体的に指示している） 相手を尊重している（傾聴姿勢） 指示（具体的な数字を入れている、期待を伝えている、肯定形）

言動・容態の項目	言動・容態の内容
場所、公然性	体育館
回数	1回
継続時間	5分ぐらい
口調	普段と変わらず
声の大きさ	集合した生徒全員に聞こえる程度

チェック者：◯◯先生　　　　日時：7/30-18:00

言動・容態の内容

1年生の◯◯君
洗い場に落ちていたパンの袋、弁当のゴミを
拾ってみんなが気持ち良く使えるように
キレイにしてくれてありがとう。

2年生の◯◯君
遠投練習で相手に正確に投げれるように
なりましたね毎日の練習がんばりましたね。

2年生の◯◯君
ノックでは難しいボールを追いかけて
あきらめない気持ちが伝わりました。

この野球部は部員が60名で、学校でも部員は一番多い部活です。先生は生徒たちとのコミュニケーション不足を解消しようとしています。先生は君たちのことを気にしていますよ、見ていますよ、という姿勢を大事にしたいと思って始めました。しかし、どうしても能力がある生徒や上級生に目が行ってしまいます。

なるべく公平に生徒と接したいので、ただ見るのではなくて、何を見るか、テーマを決めることにしたそうです。先生は高校生の頃、部活の監督に声をかけられることが少なく、それでも1度だけ褒められてそれがとても嬉しく、忘れられなかったそうです。先生も生徒を褒めることにしようと思い、1週間に1度、練習が終わってからミーティングで3人の生徒のよいところを生徒に話すことにしました。

すると、一人ひとりの生徒を細かく観察することことができ、生徒の側面を知ることになりました。今までは失敗ばかりに目が行きがちでしたが、生徒のよいところを探すと、先生の思考がポジティブになってきます。

このミーティングをチェックした先生は、生徒の嬉しそうな目がとても印象的だったと言っています。今では他の先生も取り入れているそうです。

●まとめ

ハラスメントチェックシーを使用して共有できた事例を紹介しました。先生が部活動での行動や発言をこのように文字にしてみると、気づきがたくさんあると思います。子供の頃は家族の人が間違っているところを指摘してくれますが、社会では人間関係に影響することがあるので、本人に話すことはあまりないと思います。

特に学校は先生と生徒で構成されていて、部活動では先生が優位的な立場にあります。このような環境ではハラスメント行動や発言が往々にしてあります。この限定的な組織だけでもルールをつくることが必要です。先生の改善点を第三者から見てもらい改善する。他の先生のよい点を取り入れて先生の行動改善につなげることはできると考えます。

先生個人の傾向だけではなく、競技特性や世代特性によっても傾向が違います。私は前職で多くの競技を見てきました。チーム競技、個人競技では違いがあります。世代特性ですと、50歳代の先生は過去にしていたハラスメント行動を今も継続していることが多いようで、改善が必要な世代だと思います。改善するには先生個人の知識だけではなく、組織として対策に取り組むことが重要だと考えています。

おわりに

最後まで「中学・高校の部活顧問のススメ」を読んでいただき感謝申し上げます。私は現在、ハラスメントコンサルティング会社の代表として、学校やスポーツ指導者、スポーツ協会、企業を対象にハラスメント研修、セミナーを開催し、ハラスメント防止対策の活動をしています。本書の締めとしてこの会社を創業した理由を含めて、この本を出版した理由やどんな部活環境にしたいかなどについてお話ししたいと思います。

２０１９年４月にai未来株式会社を設立しました。前職の会社を２０１７年12月に退職。大手スポーツメーカーに35年勤務。高校生時代にバレーボールの全国大会に2度優勝するなど、スポーツには長く携わってきました。今まで部活顧問、スポーツ指導者、教師、会社の経営者など約3500人と出会い、そこで学校部活での体罰などのパワハラ、職場でのセクハラなど、多くのハラスメントの実情を知りました。

強く印象に残っているのが、部活顧問による体罰などのパワハラを見て、止めることができなかったことです。先生から叩かれた生徒は悔しくても何も抵抗できずに我慢している。あのときの生徒の目、顔を忘れることはできません。「先生、やめてください、体罰はよくないです」と、そのときは言えませんでした。その後悔の気持ちがだんだんと大きくなりました。見て見ぬ振りをする、このままでは自分もハラスメントの加害者と言われてもおかしくありません。そしてこれ以上、部活のハラスメントを放置することはできないと思い、この事業を始めました。

私は「アスリートたちのライフスタイルを健全な環境にし、みんなにとって幸せな未来を創造する」を弊社の企業理念にして、社会において意欲的に取り組み、自ら行動する人を増やし、スポーツが育む健全で明るい未来にしたいと考えています。


「過去にとらわれず進化する」

「すべてを公正に受け入れる」

「私心を払拭して行動する」

この価値観を大事にしていきたいと考えています。


まだまだ微力ですが、教師の研修や部活顧問、スポーツ指導者のセミナーを開催していて、停職中の教師や、保護者からハラスメント行為で指摘を受けているスポーツ指導者の受講が増えています。早く、小さなハラスメントのうちに行動改善に取り組むのはよい傾向だと感じています。今後は防止対策だけではなく、教師のハラスメントの再発防止、スポーツアスリートのセカンドキャリアとしてのハラスメント講師育成を進めたいと考えています。

学校の部活でハラスメントが起こる要因の1つとして、学校が閉鎖的な組織になっていることが問題だと感じています。閉鎖的であるため変化が起こりにくい、起こらないと考えられます。部活組織は聖域的な存在であるともいえます。本来の組織ですと、外部からの人員交流があったり、部活顧問や教師の定期的な移動による循環があったりして活性化されるからです。

また、多くの教師から意見が出るのが、学校や部活の課題や悩みを相談する人（上司）がいないということです。組織としてはフラット型なのでほぼ横一列です。リーダーシップを取っている教師はいますが、まだまだ不足しているようです。

もう1つの要因としては、学校や部活を構成しているのが先生と生徒であることです。この関係上、どうしても優越的な立場にある先生の権限が強くなってしまいます。生徒は我慢をしていることがよくわかります。以前、教師のハラスメント研修の際にカナダ人の英語講師から言われました。

「日本の先生はなぜ生徒たちに威圧的な態度や言動をしているのでしょうか。カナダではこのような教師はいませんし、生徒に威圧的態度で接しないようになっていますよ」

海外の教師の目には、日本の学校や教師は異常に映っているのです。

本書の出版の動機は、部活ハラスメントの再発防止です。テレビやインターネットニュースで報道されているように、部活のハラスメント事件が繰り返されています。なぜ、同じような事件がなくならないのだろうか。多くの失敗例を先生たちに共有していただきたい。たくさんの失敗と経験から、個人的に対策をしている先生は意外に多いからです。

しかし、新任の先生、経験が浅い先生には受け継がれていませんし、情報が共有できる仕組みが見えていません。先生が困っているときに相談する先生がいないという意見もあります。多くの先生方にこの本を読んでいただき、先生同士で共有してほしいと思い、出版に踏み切りました。本書を読んでいただきたいと思っているのは、部活顧問に初めてなる新任の先生、経験が浅い先生。そして何より、50歳代で定年退職が間近な先生です。この定年間近の先生が起こすハラスメントがとても多いからです。ハラスメントの知識がないとか間違った知識で生徒に接しているという例が多いのです。
定年後のライフスタイルを見据えて、問題を起こさないまま定年退職をしてほしいと切に願っています。

第1章では、ハラスメントが起こることで被害者の生徒、加害者の先生、管理する学校、それぞれにどのようなリスクがあるかをお話ししました。被害を受けた生徒が進学や就職をすると、今度はハラスメントの加害者になる傾向が強まります。この負の連鎖を止めることが重要です。生徒は先生から受けたパワハラやセクハラを我慢していることが多く、そのまま卒業してしまうと表面化されず、それが繰り返されるのが問題なのです。
また、先生の経済的リスクと社会的責任。現在では社会的制裁が長く続くことで、先生や学校の社会的責任が重くなっています。リスクについての正しい認識が大切です。

第2章ではパワーハラスメント6項目、セクシャルハラスメント2項目について、それぞれ過去の事例を紹介して理解を深めていただきました。私たちがテレビなどで知る部活のハラスメント事件ではなく、身近で起きている事例を紹介しています。

先生から叩かれて鼓膜が破れた事例や、部活が終わったあとに体育職員室で先生からハラスメントを受けた事例では、生徒はすぐに通報しないで我慢し続けています。母親や友人に告白できたのは10数年以上もあとのことです。生徒たちの精神的な苦痛は計り知れないほど大きいと感じます。ハラスメントを受けたら相談・通報できる仕組みを周知徹底する必要があります。近年、SNSを使用しての誹謗中傷が増えており、事例も変化しています。専門家の知見を取り入れて防止対策を進めることが重要です。

第3章では健全な部活環境にするための仕組みとして「ハラスメント対策の方程式」についてお話ししました。組織として先生の行動傾向をチェックして、先生本人が気づいていない行動を改善する。そして他の先生のよい行動は先生同士で共有して取り入れる。このチェックシートを半年に1度実行して、先生の行動改善を「見える化」してほしいと考えています。教師のハラスメント研修ではこのシートを紹介しています。先生にどのような変化が表れているか皆さんに紹介できればと思います。

ハラスメントはネガティブな問題です。学校のトップ、組織のトップが積極的に前に出て防止対策の陣頭指揮を執ろうとする事例は少ないです。口頭だけではなく、書面で先生に周知徹底してほしいものです。

第4章では保護者の皆さんが部活動で改善してほしい要望事項とは何かを、部活顧問の先生に取材しました。部活顧問の経験年数で違いは出ると思いますが、おおむね傾向としたら合っていると思われます。保護者から言われて要望にどのように対応したか、そして結果はどうなったかまでお話ししました。これまで先生が部活運営で使える引き継ぎ書のフォーマットのようなは存在していませんでした。公立高校ですと転勤辞令が出て移動するまでわずか2~3週間です。ですから、事前に転勤を想定して作成しておく必要がありますね。データベースで共有できれば、部活運営を見直す改善になると思います。

生徒、保護者とはタイムスケジュールを共有することが大事で、現在ではスマホのアプリやSNSでグループ管理をするなど、ツールがあるので利用することです。中には操作が苦手な先生がいるかと思いますが、生徒のためにも先生は環境変化に対応してほしいと思います。

第5章では先生の行動変革について述べました。この本を読んで実践してほしい指針のようなことです。一般社会に出ると、会社や顧客に対して当然しなければならないことですが、学校生活や部活運営で生徒に対して実践するには抵抗を持つ先生が多いと思います。どうしても生徒たちを下に見る、先生という立場は上にあるという価値観が強いですよね。ハラスメントを防止するためには実践する必要があると思います。行動を改善するには時間がかかります。「ハラスメントチェックシート」を活用して定期的に他の先生から確認してもらうようにしてください。

第6章で紹介している「ハラスメントチェックシート」は先生が知らない、気づいていない行動を知るツールです。悪い行動や発言だけに焦点を当てるのではなく、とい点を見つけることにメリットがあります。悪いところばかりをチェックするのでは継続できませんよね。ぜひ、最初はよい点を見つけて、その先生に伝えてあげてください。新しい自分を再発見できると思います。組織として、ルールとして取り組んでください。

最後に、この本の出版にあたり、産業能率大学出版部の坂本清隆様には大変ご迷惑をおかけし、また多大なご尽力をいただきました。感謝申し上げます。

書籍コーディネーターの有限会社インプルーブ代表取締役の小山睦男様にも大変お世話になりました。ありがとうございます。

そしてお忙しい中、取材やアドバイスをいただいた部活顧問の先生、関係者の皆様、ありがとうございました。皆様のご協力がなければ出版できませんでした。このご恩を弊社の事業に活かして活動をしていきます。

ai未来株式会社 代表取締役　田澤 良行

― 著者プロフィール ―

田澤 良行（たざわ　よしゆき）

1964 年生まれ、青森県弘前市出身、青森県立弘前工業高等学校卒、グロービス経営大学院卒
現在、ai 未来株式会社代表取締役社長
ハラスメント対策のコンサルティング事業と学校教員、スポーツ団体、スポーツ指導者、企業を対象にハラスメント防止対策の研修、ハラスメント対策セミナーを開催している。
高校在学中、バレーボール部に所属して全国大会 2 度の優勝経験。
前職の大手スポーツメーカーアシックスに 35 年勤務し部活動顧問、スポーツ指導者 3,500 人と出会う。そして学校部活動のセクハラ、体罰の実態を知る。2017 年に経営学修士（MBA）を取得。2019 年、ai 未来株式会社を仙台に設立。アスリートたちのライフスタイルを健全な環境にしてみんなが幸せになる社会を創る活動を全国に広げている。

書籍コーディネーター：（有）インプール　小山 睦男

知って安心！
中学・高校部活顧問のハラスメント対策　〈検印廃止〉

著　者　田澤 良行
発行者　坂本 清隆
発行所　産業能率大学出版部
東京都世田谷区等々力 6-39-15　〒 158-8630
（電 話）03（6432）2536
（FAX）03（6432）2537
（URL）https://www.sannopub.co.jp/
（振替口座）00100-2-112912

2024 年 3 月 15 日　初版 1 刷発行

印刷・製本／日経印刷

（落丁・乱丁はお取り替えいたします）　ISBN 978-4-382-15842-9